子育て泣きたいときは泣いちゃおう！

親子が最高に仲良くなるシンプルな方法

小野わこ

学陽書房

すべてのおかあさん、おとうさんへ。
あなたはそのままで、
ほんとうにすてきな親です。

まえがき

あなたはよい親です。

まわりの理解がなかったり、家事や仕事に追われ、気持ちに余裕がなくなり、子どもにじゅうぶん注目してあげることができなかったり、感情的に怒りを爆発させてしまうときがあるかもしれませんが、それでもあなたはよい親です。

親は子どもを愛していますし、子どもにもとても愛されています。そして、親は自分が子どものとき、自分の親にされた以上に、もっと愛情深く子どもに接したいと思っています。自分の親が犯したあやまちは繰り返すまいとこころに決めているやさしい人たちです。

あなたは本当によく生きてきました。そしていま、「子育て」という社会的にも、とても価値のある大切な仕事のなかで、ベストをつくして子どもの人生をサポートしています。

わたしは、あなたたちひとりひとりに、「ごくろうさま、ありがとう」とこころから伝えたいと思います。

この文章は、私が八年前に札幌（北海道）で始めた「聞きあうグループ『親の時間』」という会の冊子の巻頭に書いたものです。

「親の時間」とは、親同士で子育ての悩みやつらいなあと感じていることを、いっさい相手を批判したりしないで、お互いに話を聞きあう、というとってもシンプルな会です。

この「親の時間」は、私が「親ってみんな、すっごくよくやってるよ。みんなすごくいい親なんだよ！」ということを伝えたくて始めたものでした。

子育てはとっても大変なこと。どの親もはじめての子どもに向きあうときはおっかなびっくり。ちょっとしたことでもすごく悩んだり、不安になって泣きたくなるときだってあります。私も子育てのなかで、何度泣いてきたかわからないぐらいです。

でも、子育てについてのいろんな気持ちをなんでも話せる場所があって、あなたの話にじっと耳を傾けてくれる人がいて、

「あなたは本当によくやってるよ」

「すごくいいおかあさんだよ」

「すごくやさしいお父さんだよ」

「もう十分やっているから休んでいいよ」

と言ってもらえたら、どんなにいいだろうと思いませんか？

「親の時間」はそういう場所です。時間を分けあって、お互いの話に耳を傾けあい、子育ての悩みを話しているうちに、問題を解決する方法がみつかったり、どんなに自分がよくやっている親なのか、どんなに子どもを愛しているのかがわかってきたりすることもよくあります。

そして、親同士で、相手を肯定しながら話を聞きあうという方法を学んでいくうちに、子どもの話もだんだん上手に聞けるようになってきます。そうすると、子どもとの関係がどんどん変わって、子どもがどんどんかわいく思えるようになって、関係が生き生きしてきます。

「親の時間」に参加して、子どもとたくさん話ができるようになった人、子どもが泣くのにもゆったり向きあえるようになったという人、家族との関係がよくなって子育てがラクになったという人たちがたくさんいます。そして、どの親子の場合も、子どもも親も泣きたいときに泣いたり、感情を出すことを大事にできるようになると、不思議と子育てがうまくいくようになるのです。

「親の時間」で、私は、いろいろな親の体験や、感じていること、考えていることに耳を傾けていくうちに、この生の声をほかの人たちにも届けたいと思うようになりました。それで、この本を書くことにしたのです。

この本のなかには「親の時間」の目的ややり方、親に知っておいてほしいことなどに加えて、親であること、子どもとのエピソードなど、実際の話がたくさん書かれています。

それから、子どもが泣くことや、子どものかんしゃくについて、また、子どもにダメを言わなければいけないときにどうすればいいかなど、子どもとのつきあい方についてもさまざまな方法やエピソードを書きました。

もしかすると、あなた自身もこの本に書かれている親と、とても似た体験をしているかもしれません。ひとりひとりがそしていまこの本を手にとっているあなたも、一生懸命生きている、素敵な親です。

二〇〇五年三月

小野わこ

子育て　泣きたいときは泣いちゃおう！　Contents

Chapter 3

子育てのイライラにさようなら

Chapter 4

親の時間をやってみよう！

Chapter 5

親はもっと自由になれる！

PART Ⅱ 子どもと最高にいい関係をつくれる方法！

Chapter 6

親に知ってほしい大切なこと

子育て　泣きたいときは泣いちゃおう!

Part Ⅰ

親が最高に
楽しくなる方法！

Chapter 1

子育てをもっとラクにできる方法

子育ては大変!?

親になると知ったとき、誰もが嬉しさと同時に「自分はいい親になれるかな?」とちょっぴり不安な気持ちにもなると思います。人に話を聞いたり本を読んで準備を始めたりする人もいるでしょう。みんな「いい親になりたい、子どもをいい子に育てたい」と願っています。

でも、本のようにやほかの親のようにやろうと思っても、なかなかその通りにはいきません。だって、生まれてくる子どもはひとりひとり違った個性を持っているし、親自身にも、いろいろな環境で生きてきた子ども時代があるからです。

そのうえ、周りの人たちは、「なんでこんなに泣かせてるの?」「おたくの子、ちょっとワンパクすぎない?」「おとなしすぎない?」というように、さまざまな「社会に適応する素直ないい子」を育てるように要求してきたりします。

そんななかで子育てするって、とてもタイヘンです!


私も子どもが小さいとき、子育てに行きづまりました。

夫との関係も悪くなって、子どもにどう向きあったらいいのかわからなくなりました。

そんななかで、「再評価カウンセリング」(二〇〇頁参照)という方法を学び、数年後にその方法や理論をベースにした「聞きあうグループ『親の時間』」を始めたのです。

札幌ではじめて「親の時間」の集まりを持ったとき、北海道新聞に大きな記事になったこともあり、たくさんのおかあさんたちがやってきて、会場は最初、騒然としてました。

みんな「こういう場を探していました」と言ってくれて、話したい、聞いてほしいという気持ちで来てくれた人が、たくさんいました。

「本当にみんなよくやってるね」と言うと、それだけでぽろぽろぽろぽろ泣く人もいました。「よく来たね」と言うだけで、泣くおかあさんもいて、それはなんだか私にとっても、感動的な時間でした。

親ってみんなよくやっている

だって、親ってみんなすごくよくやっていると思いませんか？　それは、ときどきはすごく大きな声も上げるだろうし、子どもを、もしかしたらたたくときもあるかもしれない。でも、それは親のせいではないんです。

親はみんな、こころから子どもを愛しています。わが子に幸せになってほしいし、子どもの成長をこころから願っています。子育てがどんなに大変でも、子どものためなら、仕事も家事もがんばります。どんな親も、一〇〇％最善をつくして、毎日を過ごしています。

でも、ほとんどの親には、精神的にも物理的にも、十分な助けがありません。いつも、「これでいいのかな」「子どもは私のことが好きかな」と、いろいろ疑問に思いながら、必死に子育てをしています。それでも、「よくやってるね」なんて、誰にもなかなか言ってもらえません。そんななかで、イライラを子どもにぶつけたくなってしまうことがあるかもしれません。でも、こんなに一生懸命やっている親を誰が責められるでしょう？

子どもといっしょにおかあさん同士が集まるところでも、「この人とはお友だちになれるのかな」「こんなふうに言ったら、変な人と思われたり、嫌われたりしないかな」とドキドキします。

本当はお友だちになりたい。だけど、どうやったらお友だちになれるのかなと思いながら、相手に伝える方法がわからない。助けあう関係をつくるのも、なかなかむずかしいものです。

「親の時間」で子育てがラクになった！

「親の時間」は、そういう子育ての悩みや家族との関係を、親同士で話して、聞きあい、お互いにサポートしあう時間をとろうという方法です。

親としての悩みをお互い話しあえるので、「こんなことで悩んでいるのは自分ひとりではなかったんだ」と、相手の話を聞くうちにほっとすることがたくさんあります。

話しているなかで、気持ちだけでなく頭のなかが整理されて、いいアイデアを思いつくこともあります。

時間を分けあって聞きあう時間を持つうちに、たとえば、話をしながら泣いてしまう人もいます。泣くことはとても大切なことです。自分の気持ちを感じながら話すと、いろいろなことに気づいていくことができるからです。

いままで泣かないようにとガマンしてきた気持ちも、思い切り泣くとスッキリします。自分が泣くことを許せるようになると、子どもが泣いていてもゆったり見ていられるようになります。

「ああ、泣いてるのもかわいいいな」と思えるようになるから不思議です!

子どもが自然に素直になる方法

あるおかあさんは、一番最初に「親の時間」の集まりに来たとき、「泣くことの大切さ」の説明を聞いて、「泣くことがいいなんて、聞いたことないし、信じられない」と言いました。

でも、その日、自分の話をしているうちに彼女はちょっと泣いてしまったんです。そうして、「ちょっとスッキリした」と言って帰っていきました。

次に会ったときに、彼女は実際にそれを子どもに試した話をしてくれました。

彼女は、自分がすっきりしたので、その後すぐ、子どもにも試してみようかなと素直に思えたのだそうです。チャンスはすぐにやってきました。「親の時間」の帰りにスーパーへ買い物に寄ったところ、子どもが、おもちゃ売り場に行って、いつものように「これが欲しい」と泣き始めたのです。

それまでならば、「ダメっ！」と、おもちゃを取り上げるか、あるいは、「しょうがない」と買ってあげるか、解決方法はふたつしかないと彼女は思い込んでいました。でも、その日は「泣くことが大切なんだよ」という言葉を思い出したのです。

「泣いてみたらどうなるんだろう」と、周りを見回すと、その時間、オモチャ売り場はガラガラで、店員さんもそばにいませんでした。それで「このまま泣かせてあげようかな」と思えて、「じゃあいいよ、〝欲しい〟っていっぱい泣いていいよ」と言ってみたのです。

子どもはすぐ「欲しい、欲しい、欲しい、欲しい！」と泣きわめき始めました。おかあさんは一五分ぐらいずうっと聞いていたというので（！）、おかあさんも本当によく聞いたなと思います。一五分ぐらいたつと、急に子どもは泣き止みました。そして、ふうっと一息つくと、落ち着いて「今日はいらない」と言い、自分でおもちゃを棚に戻し、おかあさんのところにやってきて「おかあさん、行こう」と言ったのです。

彼女は「もう、すごいびっくりした！」と、話してくれました。

どうして泣くことがいいことなの？

子どもを育てるときにも、ぜひ知っておいてほしいのは、泣いたり、かんしゃくを起こしたり、笑ったりするなど感情を出すことが、こころの傷を癒すために、人間が本来、生まれたときから持っている力なんだということです。

とくに子どもが泣いたり、かんしゃくを起こしたりするのは、子どもがこころの傷を癒すために起きる自然なこころのはたらきです。たくさん泣いたり、かんしゃくを起こしたりするほど、子どものこころは強く、愛情深く成長できます。泣くことでこころの傷を癒したり、かんしゃくを起こすことで挫折感を払いのけたり、震えることで恐怖を癒したりして、子どもは、現実を受け入れたり、正しい判断ができるようになっていくのです。

あなたもためしに一度、子どもが泣いたとき、泣くのを止めずに「泣いていいよ」と言い、そばにいてあげてみてください。

子どもは思う存分泣いて、泣き切った後はすっかり元気を取り戻します。そして、泣き切った後のほうがずっと素直になるのがわかると思います。

でも、感情を出すことを止められてしまうと、こころの傷が癒えないで残ることになってしまうのです。

たとえば、子どもがけんかして大泣きしても、その後けろりとしてまた友だちと遊び始めたりすることがあるでしょう? もしそこで泣くのをストップされると「怒り」「悲しみ」などの感情が残り続けて、ずっとぐずぐず言ってたりするんです。

それはおとなも同じです。とりわけ子育て中は、感情をそのまま出してくる子どもに向きあうことで、自分のいろいろな感情が呼び覚まされて大変です。

小さいころ、泣くたびに親にしかられていた人は、泣くことがすごく悪いことに思えて、子どもの泣き声を落ち着いて聞いていることができなかったり、かんしゃくを起こす子どもにガマンできなくなったりします。それは昔、私たちが親から感情を出すことをストップされていたために、子どもがそれをやっているとストップしたくなってしまうからなんです。

泣くことが子どもにいいことだと知っていると、かなり子育てはラクになるし、子どもとの関係もとてもよくなります。

それから、子育ての最中にものすごくつらいとき、親自身が泣きたくなったときには、ぜひ泣いてみましょう！

すっきりして、子どもに向きあおうというやる気も出てきたり、問題の解決の糸口を思いついたりします。そのすっきりした頭で考えてみると、どんなに行きづまった状況でも、最低ふたつぐらいは解決策がみつかるものです。

感情を出せると子育ては楽しくなる

安心できる相手と、泣くことも含めて、じっくり話を聞きあえるような時間を定期的に持つようになると、親子関係がだんだん変化してきます。この変化をいちばん助けてくれるのは、子どもたちです。

子どもたちには、おかあさんに余裕が出てくるのがどうやら見えるようです。おかあさんがなんだか自分に注目してくれてるなあと気がつくみたいなのです。すると、子どもは、おかあさんにいろいろなことをしゃべり出します。

おかあさんが子どもに特別なことをしなくても、子どもは「おかあさん大好き」と、たくさん伝えてくるようになるのです。

そして、「おかあさん大好き」という子どもの言葉を、おかあさん自身が素直に受け入れられるようになっていきます。

そうすると、子どもはどんどん自分の気持ちを開いて、もっともっとおかあさんに話をしてくれるようになります。それにつれ、おかあさんも、どうやらこれは話を聞きあう時間を持っているせいかもしれない、と気づいていくことが多いのです。

もちろんその過程で、子どもはいっぱい泣いたり、かんしゃくを起こしたり、怒ったりします。そして、思いっきり泣いた後には、幸せそうにニコっと笑ったり、おかあさんのほっぺたにやさしく触れたり、嬉しそうに抱きついてきたりと、とても素直にやさしさを表現してくれるようになります。

そういう子どもをそばで見ているうちに、どんどん、「あれ？　感情を出すことってすごくいいことなんだ」とわかっていくのです。

「親の時間」でよくやるのは、子どもが言った言葉をまねしてしゃべってみることです。

たとえば、

「おかあさん大好き」

「おかあさん抱っこして」

「おかあさん、遊ぼ」

と言うのを真似してみると、みんなすごく照れたり、「そんなのぜったい言えない」などと言ったりします。でも、真似するうちに、「なぜかわからないけど、涙が出る」と、泣けたりして……。結果的に自分の子ども時代を思い出したりもします。


子ども時代の自分も一生懸命生きていた、と気がついたり、小さい子ども時代にどんなに親を大好きで遊んでほしいと思っていたか、甘えたかったかを思い出したりするのです。

そうすると、子どもが自分に言っている「大好き！」という言葉もまっすぐにこころに響いてくるようになるんですね。子どもといっしょにいるのが楽しくなってきます。そして、自分の話を聞いてもらうことは有効なんだなというのがわかっていくわけです。

もしできたら、信頼できる友だちとふたりで、話を聞きあう時間を持ってみてください。

それから、子育てで泣きたいことがあったときには、ためしに部屋にこもって一度思いっきり泣いてみてください。

子どもが泣き始めたとき、止めないで、泣くのに一度つきあってみてください。

もしそういう時間がたびたび持てるようになると、子育ての大変さよりも、楽しさのほうが大きくなっていきます。

Chapter 2

話を聞きあうと子育てが変わる！

話を聞いてもらうことで親子関係が変わった！

私が話を聞きあうことを大事にしているのは、私自身が話を聞いてもらったことで人生が変わったという経験があるからなんです。

前章でも書いたように、私は結婚と子育てにすごく行きづまっていました。

夫はイギリス人で、私は彼と留学先のロンドンで友だちになりました。同居を始めて三ヶ月後に妊娠がわかり、婚姻届を出しましたが、このころから彼は、声を荒げたり、ひどい言葉を私に投げつけるようになってきました。

最初の娘の愛鈴《あいりん》が生まれて数年たって、一家で日本に帰ってきて、ふたり目の娘の梨々杏《りりあん》も生まれました。でも、夫は私に手を上げるようになり、私たちの関係はひどくなるばかりでした。とりわけ上の子の愛鈴が大きくなってくるにつれて、夫が子どもに手を上げることも多くなってきて、私はどうしたらいいのかわからなくなっていました。

そんななか、上の子が八歳、下の子が三歳になったころ、札幌に住む友だちのTさんからの「いつか遊びにいらっしゃい」というやさしい言葉に誘われて、はじめて、上の子、愛鈴を家に置いて、下の子だけをつれて札幌へ遊びに行きました。Tさんの家では、たまたま「再評価カウンセリング」（二〇〇頁参照）の基礎クラス講座が行われていて、そこに講師として来ていたのが安積遊歩さんだったのです。

泣いてもいいんだよ

安積遊歩さんは、「再評価カウンセリング」を日本に最初に紹介した人です（カウンセリングは通常、専門家に話を聞いてもらうものとされていますが、「再評価カウンセリング」は、専門家ではない一般の人同士がお互いに話を聞きあうことで、互いに助けあうことができるという方法です）。

安積さんは骨形成不全症という障がいを持ち、自身の経験から、

「助けてと言える人ほど強い人」

「どんなときでも自分の人生はあなたがリーダーシップをとっていい」

ということをいつもメッセージとして伝えてくれる、とてもすてきな女性です。大きなエネルギーを小さなからだに秘めていて、話しているとすごく安心感を与えてくれます。

いまではすっかり「遊歩」「わこ」と呼びあう関係ですが、このときが初対面でした。

せっかくだから「再評価カウンセリング」の基礎クラス講座を体験してみない？　と誘われ、子どもも預かってくれるというので、私は参加することにしました。

そうしたら、なんと！　無謀にも、「今日はこの人の話を聞きましょう」と、私がみんなの前でカウンセリングのクライアント役をやることになったのです。このグループのなかでは泣いたり感情を出したりしてもいいというのを聞かされて、最初は「なんだか変なグループだなあ」と思い、「ぜったい泣かないぞ！」とかえって力を入れてクライアント役をやることにしました。

なぜなら、私はそれまでどんなにつらくても、人前で泣いたことはなかったし、人前で泣くのは恥ずかしいと思っていたからです。

最初はふだん話しているような話から始まりました。でも、だんだんに私は「私は一〇歳のとき、母親に置いていかれた」という話や、いま夫の暴力で苦しんでいる話まで語っていました。涙ひとつ流さずに、自分でもぜんぜん話すはずではないことを、みんなの前で話してました。

感情を感じないようにして話しているうちに、私は耐えがたいぐらいの頭痛がしてきました。それで「私、頭が痛くて続けられないから、もうやめさせて」と言ったのです。

そしたら、遊歩が「よく生きてきたね。泣いてもいいんだよ。泣いたらきっとラクになるよ」と、愛情深く、こころを込めて言ってくれたのです。その言葉に、私は「この人の言っていることを信じてみよう」と思えて、本当にはじめて、知らない人が何人もいるところで「わーっ！」と号泣しました。

感情を出すと自分が変わる

泣きながら、いろいろなことが私の頭をかけめぐっていたのだと思います。私が一〇歳のとき、私の母は家を出ていきました。当時は、父も入院している最中で、私は家事や仕事までやらなければならなくなりました。

そして、私は母の恋人から暴力を受けたこともありました。冬のことで、自分がセーターを着ていたのを覚えているし、不思議なことにそのセーターの色まではっきり覚えています。

恋人が母を車に乗せて連れて行こうとしたとき、「私のかあさん、とらないで！」と、私は飛びかかっていきました。そうしたら、彼が私を車道に押し倒したので、私の頭のぎりぎりのところを車が通り過ぎ、もう少しで車に轢かれるところだったのです。「かあさん助けて！」と母のほうを見たら、母はまったく動かず、硬直した状態で立ちつくしていました。私のそばに来ることも、手を差し出すこともせず、ただ立ちつくしていました。

私は車に轢かれるのではないかということよりも、母に愛されていないのではないかという恐怖のほうが大きく、最愛の人に見捨てられたという感じがしました。そしてこのとき、このことは誰にも言うまいと決心して、こころにふたをしたのです。

私は絶望感から、この記憶を誰にも言わずにずっと封印してきました。それまで、ほとんど思い出しもしなかった記憶なのに、泣き続けるうちにそのときのことがぼんやりと思い出されてきたのです。

私は嗚咽していました。そしていつのまにか、

「母さんが、私を助けてくれなかった。だから、私も愛鈴を助けられないんだ」と言っていました。

遊歩は言いました。

「愛鈴を助けたいんだね」

「もちろん助けたいよ」

「それじゃ、おかあさんに、『助けて。行かないで』って言ってごらん」

「そんなこと、なんで私が、こんな場所でいわなきゃならないの？　もう過ぎてしまったことだし、何十年も前のことなんだよ。いま言って、いったいなんになるの？」

半分怒り出した私に、それでも遊歩は「でも、言ってごらん。何かに気づくよ」と言い続けるのです。

その真剣さと、愛情に満ちたまなざしに負けて、

「かあさん行かないで。私を助けて」と私は声に出してみました。

「私にもできるかもしれない」

涙が後から後からあふれてきました。それからほとんど二日間、私は泣き続けました。

そしていろいろなことを思い出したのです。本当に誰にも言えなかったこと、誰も聞いてくれないだろうと思っていたことを遊歩は聞いてくれて、私は話し、泣きました。そして、これまで感情を出すことをガマンしていたことで、同時に自分の大切な部分、自分の知性が停止していたことに気がついたのです。

まるで、いままでつまっていたパイプに、水が流れ始める感じでした。私のなかでいっぱいつまっていたものがとれて、思考能力が機能し始めたように感じました。問題が解決したわけではないけれど、ぜったい無理だと思っていたことにも、何か解決策があるかもしれないと思えるようになってきました。

そして、たくさん泣きながら話しているうちに、愛鈴を助けられそうな気がしてきたのです。

それまではとにかく、夫の暴力がこわくて動けませんでした。それが、愛鈴に愛情表現できないという気持ちと隣りあわせになっていて、どうしていいかまったくわからなかったのです。

　彼が愛鈴に暴力をふるうとき、「やめて」なんて言ったら、状況がもっと悪くなるような気がしていました。

　でも、たくさん泣いたら「もしかしたら、何か違う方法があるのかもしれない。私だって、夫を止めることができるかもしれない」と思えたのです。


　その日の夜、家に残してきた愛鈴から電話がかかってきました。愛鈴は電話口で「ママー」と泣きたそうにしていました。私はそれまで愛鈴にいつも「泣いたらダメ」と言ってきたので、愛鈴も泣きたいのをガマンして「ママー、早く帰ってきて」と言うのです。

　そのとき私は、「愛鈴ちゃん、泣きたかったら泣いてもいいんだよ」と言いました。私は愛鈴がすぐにワーっと泣くかと思っていたのに、愛鈴はちょっと無言になり、「ママ、頭どうかしたの？」と言うのです。

「ママはいままで泣いちゃダメだって言ってきたよね。でも、ママは今日泣いてわかったんだけど、泣くっていいことみたいだよ。だから、愛鈴ちゃんも泣いていいよ」と言

うと、愛鈴も泣き出して、

「学校で今日とってもつらいことがあったの。だから、学校を途中でやめて、帰ってきたの」と話してくれました。

それまでの私だったら「なんてことをしてしまったの！」と愛鈴を責めたでしょう。でも「そうか、大変だったね」と言えたのです。

いわゆる純日本人ではない子は、学校で愛鈴ひとりっきりでした。そのとき本当に、そうか、愛鈴は学校で大変だったんだなーと、こころから思えたのでした。

新しい人生のはじまり

私は、「再評価カウンセリング」の基礎クラスをきちんと受けたいと思い、札幌に引っ越しをすることに決めました。

そう決断した後の私の行動力は自分でも驚くぐらい素早く、パワフルでした。まず自分の決心を怯えることなしに夫に話し、話しあいの結果、別居することにしました。それから札幌に行ってアパートを探し、八戸（青森県）で経営していた英会話教室を管理してくれる人もみつけました。自分が本当にやりたいことをしようと思うと、物事はとてもうまくいくものです。

夫は、私の決心が固いのを確認すると、日本を一時的に出ることを決心し、私が札幌へ行くよりも一週間早くインドへ旅立ちました。

私は引越しも、引越し屋さんに頼まずに、自分で力仕事もこなし、車の運転もしました。三車線もある札幌の広い道路を運転しているときにはじめて、私はこれから本当に自分の道を歩こうとしているのだと、実感しました。

あの日をよく覚えています。これから始まる人生にこわいものがひとつもないと思うほど、晴れやかなスタートでした。

その後、一年して、夫とは平和的に離婚しました。

母との関係も変わった

私は、母が恋人と家を出たこと、その恋人に暴力を受けたことを、誰にも話せなくて秘密にしたことで、自分の子ども時代を肯定できませんでした。母のことも大嫌いだし、母にも嫌われていると思っていました。父親が病院に入っているときに恋人ができて、子どもを捨てて出ていった母親といったら、誰でも「悪い母親。ひどい母親」と言うと思います。私も長い間そう思っていました。

でも、それと同時に、私のなかで何かすごく大事なことを忘れているような気がいつもしていました。なぜなら、私は、本当はかあさんがすごく好きだったからなのです。とても好きだったから、母がいなくなったとき、とても苦しかったのです。

話を人に聞いてもらえるようになってようやく、私は、母が私たち三人姉妹をとても大切に育てていたことや、本当は子どもたちのことが大好きだったということに気がついたのです。そんな母親が、子どもを置いていくときには、どんなにつらかったでしょう。

そう思うと、母がそうせざるをえなかったのには、何か大きな理由があるに違いないと思い始めました。

そして、おそらく、母はそのとき妊娠してたのではないかと、私は思い当たりました。お腹の子どもは恋人の子どもでしたから、ギリギリまでどうしようかとすごく悩んでいたのだと思います。

母は中絶を考えられない人でしたから、きっと新しい生命といっしょに生きることを決断したのでしょう。母はとてもとてもやさしい人でした。誰かが困っていると、いつも助けようとする人でした。

母の恋人も暮らしが大変だった人で、妻を亡くしていたのです。私の家も貧しかったのですが、彼の家のほうがもっと小さかったのに、その小さな家に子どもが四、五人いたような気がします。私は母を彼の家に一度迎えにいったことがありました。そして、私の家より大変な家族がいるんだと、びっくりしたのです。

そのことを思い出したら、いろいろなことが辻褄《つじつま》があうのです。

母は困っている人を放っておけなかったから、彼の妻が亡くなって、気の毒に思い、ご飯をつくりにいったとか、お手伝いにいったということは、簡単に考えられることなのです。

そして、お腹のあかちゃんをとるか、私たちをとるか、母はきっととても悩んだろうと思います。私たちを置いていくのはとても苦しかったろうな、と私ははじめて母親の気持ちを考えることができました。

かあさんに嫌われて、置いていかれたわけじゃなくて、悩みに悩んで置いていったんだということがわかったら、私を助けることができなかったのも、私を嫌いだったわけではなく、恐怖が大きくて動くことができなかったのだというのにも、気がつくことができました。

もし、あのとき私が「親の時間」をやっていたら、かあさんの話を聞いてあげたかったな、と思います。それまでは私自身も、いかなる事情があるにしろ、子どもを置いていったり、子どもを無視したりしている親が苦手でした。でも、母のことを本当に理解できるようになってから、苦手な親がまったくいなくなりました。

どんな親にも、何かかならず理由があって、子どもを置いていかなければならないとか、子どもを無視するというところまで追い込まれてしまっただけで、一番つらいのは、その親自身なのです。そんな親に会うと、「つらかったね」と、いまは抱きしめてあげたくなります。

これは、すごいことだと思います。記憶のなかで封じ込めてきたことを、勇気を出して、信頼しようと思った人に話したことで、こんなにいろいろなことに気がついたのですから……。

母との再会

四〇歳のとき、私は神奈川県にいる母に会いに行きました。愛鈴がおばあちゃんに一度会ってみたいと言って私を励ましてくれたのも、行動できた理由です。

母を探し出して、電話をしたら、最初、母はとても動揺していました。でも、会ってくれることになりました。

何十年ぶりかで会った母はとても痩せていて、年老いていて、少し悲しくなりました。脳卒中で右上半身不随になっていたのですが、一人息子にも、夫にも大切にされているようすでした。

母は私の顔を見るなり、ポロポロポロポロ泣いて、「こんな体になっちゃった。あんたたちを置いていったからバチが当たったんだね。本当にごめんね。一度も忘れたことはなかったよ」と言いました。そして涙を流しながら、孫である愛鈴を抱きしめてくれました。私たちは抱きあって泣きました。

私は「私たちは、そんなに不幸じゃなかったよ。もう、自分を責めなくていいよ。一番つらかったのはかあさんだったものね」と、言うことができました。それを母に伝えられて、本当によかったと思っています。

人生も関係も変えられる

安心できる人に話を聞いてもらい、自分の感情を吐き出すことが、これほど私の人生を変えてくれるなんて、考えたこともありませんでした。

でも、たしかに「聞きあう」というこのシンプルな方法が、私の人生を変えてくれたのです。

傷ついた嫌な体験、こわい体験は全部ガマンして、忘れて、あるいはなかったこととして閉じ込めても、本当の解決にはなりません。その嫌なことと似たような場面にぶつかったら、体の感覚が覚えていて、よく考えられなくなったり、恐怖でその場にいられなくなったり、気になって眠れなくなったりもします。こころに余裕がなくなるので、子どもに八つ当たりしてしまうかもしれません。

そんなとき、あなたは誰かに話を聞いてもらう必要があるのです。友だちやパートナーに、あなたが何に怒っているのか、何がこわいのか、なぜ悲しいのか聞いてもらってください。

そのとき、いっぱい泣いたり、笑ったり、汗をかいたりするのも、傷ついた体験から自分自身を回復していくのにとても有効です。なぜなら、こういう反応は私たちのこころが癒されていくプロセスでは、かならず起こることだからです。

もし、話を聞いてもらえる相手がすぐにみつからない人は、それを紙に書いてみるのも、いいかもしれません。

「親の時間」の集まりで聞きあう時間を持つなかで、子どもをたたくことをやめたおかあさんや、家族との関係を変えた人がたくさんいます。

お互いに話を聞きあって、感情を出し切ることで、人生や親子関係が劇的に変わるのです。

Chapter 3 子育てのイライラにさようなら

泣いても怒っても、子どもがまるごとかわいい

「話を聞きあったり、泣いたりするだけでそんなに変わるなんて信じられない」。そんなふうに思う人もいるかもしれません。

でも、「話を聞きあう」時間を持つことで、親子関係に変化が起こったおかあさんたちは、たくさんいます。

それは、とても些細なことから始まって、本当にいろいろな変化が起こります。

「『あなたは、とってもよくやってるよ。そのままで大切な人だよ』……。そう言われて、私は涙が止まらなくなりました。

当時三人の子育てに疲れていて、自分にも子どもを育てることにも自信がなくなっていたのです。子どものわがままや、泣いたりぐずったり、お友だちと仲よく遊べないことなどは、すべて私の育て方のせいだと思っていました。

でも、それは間違いで、誰のせいでもなかったのです。安心して気持ちを出せる場所があって、一生懸命聞いてくれる人がいる。私が欲しかったのは、こういう関係だったとわかりました。数年が過ぎたいま、〝この子どもたちのおかあさんでよかった〟としみじみ思います」

「ここに参加するまで、子どもとふたりきりの昼間の生活を苦痛に思うことがしばしばありました。

望んで産んだわが子なのに、なんで愛情をいっぱい持つことができないんだろう。この子は私の子どもに生まれてきて不幸なんじゃないかと、ときには子どもを責める気持ちを持ち、自分は母親失格なんだと自分自身を責め続けてきました。本当に苦しかったです。

夫にも、親にも、友人にもそんな気持ちを話すことも受け止めてもらうこともなく、どこかに助けを求めていたように思います。

みんな、話を聞いてくれてありがとう。誰かに聞いてもらうことで、こころの重荷が軽くなったり、自分の気持ちに気づいたりするのですね」

「信頼できる仲間になんでも話してみる。そうすると、頭のなかがすっきりしてこころに余裕ができる。余裕ができると、そこに子どもをありのまま受け入れられる。いまは泣いても怒っても、子どもがまるごとかわいい」

（『親の時間』〈二〇〇一年発行の小冊子〉より抜粋）

「親の時間」で、親同士で話を聞きあう時間を持ったおかあさんたちの手記を読むと、「子どもがかわいく思えるようになった」「自分が子どもを大好きで、子どもも私を大好きだと思えるようになった」など、自分と子どもの関係についての感じ方が変わったという感想にいっぱい出会います。そして、実際に、その人たちの親子関係は、楽しくて生き生きしたものにどんどん変わってきています。

子どもをたたかなくなった

たとえば、子どもをたたかなくなったというおかあさんもたくさんいます。

あるおかあさんは、自分が子どもをたたいてしまうことを私に話してくれました。そして、「私が悪いの。私がだめな母親だからなの」と言うのです。

私は「あなたはぜったいにいいおかあさんだよ」と言い続けました。

なぜなら、私はそれまで、たくさんのおかあさんのカウンセリングをしてきましたが、「もし、あなたがとても余裕があったら子どもをたたいた？　もし、子どもをたたこうと思ったとき、誰かあなたのことを愛情を持って止める人や、あなたの話を聞くよって言ってくれる人がいたなら、それでもあなたは子どもをたたいた？」と聞くと、どのおかあさんも「ぜったいにたたかなかった」ときっぱり言うのです。

彼女にも「そうでしょ？　あなたは本当はたたきたくなかったんだよ。私がこんなにあなたがいいおかあさんだって言っていることを信じてよ」と言うと、彼女は泣き始めました。そして、子育てのつらさを話し、泣いているうちに、自分も親からたたかれていたことを思い出していったのです。

小さいころ、たたかれるのが痛くていやだったこと。毎日叱られて「人生なんてこんなもの」と絶望的に感じたこと。子どものころは「親になったら子どもをぜったいにたたかない」と思っていたのに、いざ親になったら、泣いたりかんしゃくを起こしたりする子どもをどうしていいのかわからなかったこと。子どもがかんしゃくを起こすたびに「私はこんなふうには親に言えなかった！」「こんなことをしたらたたかれていたのに！」と思っていたこと……。

話を聞きあう時間を持つなかで、そういうことを、だんだんに思い出していきました。そして、こうした聞きあう時間をたびたび持つうちに、本当は子どもをたたいているときは誰かに止めてほしいと思っているんだということ、自分は子どもを本当にたたきたくないんだということに気づいていったのです。

彼女は、それから除々に、自分が子どもをたたきそうだと思ったときに「親の時間」のメンバーや友だちに電話をして、自分の気持ちを話せるようになりました。誰かに話しているうちに、自分がとにかくひとりで子どもを見ていることがつらいことに気づきました。それから、自分は、ぎりぎりのところまで一生懸命ガマンしていることがわかってきました。また、自分がイライラするのは、子どもが悪いせいではなくて、自分に助けが少ないせいだということに気づくようになりました。

彼女はだんだん、つらいときには誰かに助けを求めるようにして、子どもをたたかなくてもすむようになっていったのです。

子育てをしているときには、ぜったいに、あなたの気持ちに耳を傾けてくれる人が必要です。

自分の子育てのつらさについて話せる時間が持てると、気持ちがすっきりして、イライラの原因も見えてきます。不思議なことに人に自分の気持ちをきいてもらえると、余裕が生まれて、子どもにイライラをそのままぶつけないですむようになります。

子どもをたたかなくなったおかあさんの顔は、とてもリラックスしていきます。それにもまして、子どもがとても生き生きとしてきます。それは見ていても、とてもすてきな変化です。

いつものイライラが消えちゃう

私たちは、子どもにできるだけやさしく向きあいたいと思っています。子どもの要求にもできるだけ応えてあげたいと思っています。でも、忙しい毎日を過ごして、子どもが日々いろいろな要求を出してくることにつきあっているうちに、へとへとになって、だんだん「子どもにちゃんと向きあうなんてできない！」という気分にもなってきます。

とくに毎日の生活のなかでは、いつもかならず決まった状況で、子どもがぐずったり、思いどおりに動いてくれないことが起こります。「毎日、子どもを保育園に連れていくときに焦ってイライラする！」など、思い当たることがあるんじゃないでしょうか。

そういうときの自分の子どもへの向きあい方も、誰かに話を聞いてもらう時間をとることで、変えていけるようになります。

あるおかあさんは、おふろに入るときにかならず子どもに怒ってしまいます。自分の小さいころの経験と重なって、嫌な気持ちになってしまうのです。おかあさんが不機嫌だと、子どもも「髪の毛を洗うのがイヤだ」「シャンプーが目に入った！」といつも大騒ぎで、最後はかならずけんかになるのです。

彼女は、そのことにうんざりしていました。そして、「親の時間」で「私、いつもおふろで息子に叫んじゃうの」と自分の気持ちを話しているうちに、この繰り返しをやめたいと思い始めました。そこで、

「おふろを子どもと遊ぶ場所にしてみよう。おふろでだけは怒らないことにしよう。シャンプーも、子どもが『おかあさん洗って』と言ったら洗うけれど、自分で洗いたいというのに任せよう」と決めました。

彼女は本当は、子どもの頭だってからだだって、すみずみまでよく洗わないと気がすみません。でも、何しろ怒らないと決めたのですから、自分で髪を洗うと言った息子を黙って見守っていました。

子どもは、「今日のママは何かヘンだな」と気づきました。そして、その日、おふろで何をしてもおかあさんが怒らないことがわかると、笑い声まで立てて遊び始めたのです。

あんなに大嫌いだと言っていたおふろなのに、子どもは毎日「ママ、おふろ入ろう」と言うようになりました。そして、彼女自身もおふろが本当は楽しい場所だということに気づきました。せっけんでいっぱい泡をつくったり、お湯を飛ばしたり。いくらお湯で遊んでも、おふろは後で拭きとらなくたっていい場所なんです。

彼女は、おふろのなかでは怒らないでいられると思ったら、すごくラクになったと教えてくれました。

「からだがすみずみまできれいに洗えてないっていっても、一週間、おふろに入っていないわけじゃないんだから、そんなにうるさく言う必要もないのよね」と、明るく話していました。

朝ごはんのときに、いつも怒ってしまうというおかあさんもいました。舞子さんは子どもが幼稚園に間にあわなくなるのが心配で、「急いで食べなさい！」から始まって、「全部食べなさい！」「テーブルにごはんをこぼさないで！」「ちゃんとしたくして！」と、言わずにはいられません。きちんとしなくてはならないと思っていたので、いつも朝は注意するのにとても忙しかったし、子どもがきちんとしないこともいやだったのです。

夫は、朝早く仕事に出かけてしまうのですが、幼稚園に行っている五歳の息子と、二歳の娘がいたので、ひとりで本当に忙しくて大変だったと思います。

でも、舞子さんは「親の時間」で話を聞いてもらうなかで、朝、子どもを叱った後、自己嫌悪に陥ることに気づいて、ためしに朝ごはんのとき、怒らないでただ見ていようと決心しました。幼稚園も遅れてもいいや、と思うことにしたのです。

翌日、さっそく朝ごはんを食べているとき、おにいちゃんがごはんをこぼしました。それでも舞子さんは黙ってにこにこと見ていました。おにいちゃんは気がついて、

「おかあさん、怒らないの？」と聞いてきたのです。

「おかあさんは朝ごはんのとき、怒らないって決めたんだ」と伝えました。すると、

「そうしたら、おかあさん、あのジュース、飲んでもいい？」と言うのです。そのジュースは、おにいちゃんが大好きなジュースなのですが、朝は飲まないことになっていました。

おかあさんは、たったいま「怒らない」と伝えたばかりなので、「いいよ」と答えました。おにいちゃんは台所に行って、ジュースを冷蔵庫から出して、コップはふたつ、妹の分まで、ちゃんと用意して持ってきました。そして、妹にジュースを先に注いであげてから、自分の分をコップに注いで、うれしそうにふたりで飲んだのです。

舞子さんは、おにいちゃんが妹にもジュースを用意してあげたことにびっくりしました。

「私はいつも朝、怒ってばかりいて、息子がこんなにやさしい面を持っていたことにも気がつかないできたの。朝ごはんのとき、怒らないって決めて、本当によかった」と、やさしい顔で話してくれました。

子どもが悪いんじゃなかったんだ

自分の気持ちを感じられる場所があると、自分が子どもを愛していること、本当は傷つけたくないこと、それから子ども自身もとてもかしこいということにも気づいていくことができます。

そして、これまですごく問題だと思っていつも気になっていたことや、「こうしなければならない」という思い込みからも自由になって、問題だと思っていたことがいつのまにかそれほど気にならなくなり、気持ちがラクになってきます。

子どもの食事の好き嫌いに頭を悩ませていたのは、六歳と三歳の子を持つ明子さん。とりわけ三歳のユウちゃんのにんじん嫌いに、ほとほと手を焼いていました。明子さんが子どものときには、「好き嫌いは悪い」と教わってきました。だから、明子さんも、「にんじんを食べないと大きくならないよ」と、子どもになんとか食べさせようとします。「にんじんは栄養がある野菜だし、好き嫌いのない子のほうが学校の給食を食べるときに楽なのよ」とユウちゃんを説得しようとしました。

でも、三歳のユウちゃんにとって、栄養とはなんのことかわかりません。学校なんて遠い未来ですから、その説明では全然ピンとこないのです。ユウちゃんは、どうしてもにんじんを食べることができませんでした。

「にんじんを食べられない子」は、すごく「悪い子」でしょうか？　違いますよね。もちろんにんじんを食べられないだけで、悪い子だとは誰も思わないでしょう。

明子さんは、「親の時間」でこの話をするうちに、自分が小さいころ、好き嫌いをすることで「悪い子」と呼ばれるのがこわかったのを思い出しました。そして、もし好き嫌いをしていたとしても、ちっとも自分は悪い子ではなかったことに気がつきました。そうしたら、にんじんを食べられないユウちゃんももちろん悪い子ではないし、そういう子を持った明子さん自身も決して悪いおかあさんではないと、わかっていったのです。

明子さんの話には、その後こんなおまけがついています。

「うちではみんなハンバーグが大好きなんだけど、これがちょっと手間がかかるの。だって、にんじんを大根おろしですりおろして入れたハンバーグと、ユウちゃん用のにんじんなしの二種類つくらなくちゃならないから。

でも、好き嫌いがあっても悪い子じゃないってはっきりわかったら、にんじんに対してあまり過敏じゃなくなって、その日はうっかりして全部にんじん入りにしてしまったの。つくってしまってから気がついたんだけど、『まぁ、いいや』と思って、テーブルに出しておいたら、なんとユウちゃんがお兄ちゃんといっしょにおいしそうに食べているの。びっくりしちゃった。ユウちゃんはいまも大きなにんじんは食べれないけど、ハンバーグはにんじん入りとわかっていても、食べられるようになったの」

「ママ、誰かに聞いてもらって」

親同士で話を聞いてもらう時間を持ち始めると、おもしろいことに、親がそうした時間をとることに子どもたちが協力してくれるようになります。話を聞いてもらった後のおかあさんは安全だぞと、よくわかるみたいです。

たとえばはじめてほかの親に電話をかけるときは、そばにいる子どもには、「ママはたくさん話を聞いてもらったり、泣いたりしたらきっとまた元気になるし、○○ちゃんと楽しく遊べるよ」と、一言説明してあげましょう。

説明したら、あなたが考えているよりずっと簡単に、子どもは理解してくれるでしょう。たくさん泣いて、聞いてもらったら元気になれることをよく知っているのは、子どもたちです。でもそのとき、あなたの話を子どもに聞かせる必要はありませんから、子どものいない部屋に行って電話をする配慮も必要です。

真紀子さんは、以前はよく子どもに怒っていました。だって、真紀子さんが子どものとき、おとなに怒られることは、当然のことだったからです。おとなが威張って子どもに命令し、ときどきは子どもが悪くもないのに、無理やり「ごめんなさい」と言わせることがおとなの威厳を保つことだし、強いおとなになることだと思っていたのです。

でも、そんなことをしていたら、娘のこころがどんどん母親の自分から離れていくと気がつき始めました。

そこで、真紀子さんはイライラしたら、電話の子機を持って、話を聞いてくれる「親の時間」の仲間に電話することにしました。まず電話で話して聞いてもらうと、子どもに怒らなくてすむからです。そしてこの方法の有効性にいち早く気がついたのは、娘のなっちゃんでした。なっちゃんは、母親の真紀子さんにこんなふうに言います。

「おかあさん、そんなに怒らなくてもいいんだよ。なっちゃん、ちゃんとわかっているから」

「怒る前に、誰かに聞いてもらって。ひとつじゃダメなら、ふたつとか三つとか、聞いてもらって」

このように、親が聞きあう時間をとり始めると、子どもたちはよく「ママ、電話して」「ママ、誰かに聞いてもらって」と言ってくれるようになります。ときには、自分から電話を持ってきてくれる子もいます。本当に子どもはよく見ているなあと感心してしまいます。

大きな問題にも向きあえる

継続的に話を聞きあう時間をとることで、取り組むことがむずかしいと思っていた、大きな問題にも向きあえるようになります。子どもの問題で、どうしてもひとりでは向きあえないと思うことがあったら、ぜひ聞きあう方法を試してみてください。八方ふさがりに思えた状況でも、まったく別の見方が生まれて、結果的にそのことが解決につながることもあるからです。

こんな話があります。
ある女の子が小学校一年生のとき、家庭内のことや、ほかの問題が重なって、不安が強まり、学校に行けなくなってしまいました。そのおかあさんは、親同士で電話で話を聞きあう時間をとるようにしていたので、毎日毎日、「親の時間」の名簿を見ながら、いろいろな人たちに、電話をかけ、本当によく聞いてもらいました。「あなたならできるよ」と、信じてもらい、勇気づけてもらうことで、非難しないで子どもの話に耳を傾けることができたのです。

彼女自身も子どものころ、学校に行けなくなったことがありました。そのとき「変わっているから、学校に行けない。病気だ、変な子だ」というレッテルを貼られ、ますます学校に行くのが怖くなってしまいました。

「もし、話を聞きあえる関係がなかったら、私も同じレッテルを娘に貼っていたかもしれない。でも、私はその代わり、自分が小さかったとき本当に言ってほしかったことがわかったの」

彼女は、娘に、

「学校に行けないのは、あなたが変な子だからじゃないよ。いま、ただ不安で行けないだけだよ」

と伝え続け、娘の正直な気持ちに耳を傾けました。そうしたら、本当は子どもは学校に行きたいんだということがわかったのです。それから毎日、子どもといっしょに学校に通い、授業中もつきあって、少しずつ、少しずつ、その子の不安が溶けていくのを、待ちました。そしてついに、子どもがひとりで、学校に行けたときは、嬉しくて、聞いてくれた仲間にも、「ありがとう」と電話で知らせました。

「親の時間」の仲間にそのままを聞いてもらって、信じてもらったおかげで、彼女は子どもを信じることができ、子どもが悪いとは、一度も思わなかったそうです。そしてそれがとても大切なことだと気がついたのです。

このケースと反対に、学校に行かないことを肯定できるようになった親子もいます。そのおかあさんには三人の子どもがいるのですが、上の子が小学校三年生のとき、学校に行けなくなってしまいました。おかあさんは学校に行かせようといろいろ手をつくして、一生懸命努力したのですが、子どもはダメでした。そうしたら、それを見ていた二番目の子も小学校に行かないと言い出しました。ふたりとも学校に行かなくなってしまって、おかあさんは途方にくれてしまいました。学校に行かない選択をとった子どもたちを責め、そしてそんな子どもの母親として自分は失格だと、自分自身をも、たくさん責めていました。

私は、そのおかあさんに「あなたは学校に行きたかった?」と、聞いてみました。

「私は、行かないという選択があるなんて発想すらなかった。学校は嫌なときでも行くところだと思っていたし、実際、私の母は、熱があっても一応は学校に行きなさい、と言っていた。学校で嫌なことがあっても誰にも言えなかったけど、それって当たり前じゃない？　それに、家にいるより学校に行っているほうがラクだった気がする」

「それじゃ、あなたは、自分の子どもに少なくとも『行きたくない』と言える場をつくってあげているのね。子どもたちは、学校より家にいることを選んだのよ。あなたの子どもは、あなたをおかあさんに持って、幸せね」と私は言いました。

彼女は生まれてはじめて「あなたはいいおかあさん」と言われたと、泣きました。そして泣いたら、「少しだけいいおかあさんだと、思える気がする」と言ってくれました。

その後、少しずつ時間をかけて、そのおかあさんは学校に行かない子どもたちを認めることができるようになり、「不登校の子を持つ親の会」に参加して、積極的に、ほかの母親に話を聞きあうことの大切さを伝えてくれています。

家族が仲よくなれる方法

話を聞きあうことは、結果的には何より、家族が仲よくなること、親子が仲よくなることへとつながっていきます。私はそれがいちばん大事なことだと思っています。
六歳と九歳の男の子を持つおかあさんが、こんな手記を書いてくれました。

「ふたりの息子がごねている。今日は私もたくさん話を聞いてもらった後だから、〝やってるなー〟と思いながらニヤニヤして見ていた。話を聞いてもらったら、ちょっと余裕ができたんだ。

そうしたら、彼らは前の晩の仕返しをしてきたよ。前の晩、私は感情的になり、ふたりを叱って泣かしてしまった。叱るというより、結構ネチネチいじめてしまった。

今日は息子たちにとっても、私に余裕があるように見えたのか、眠る前にいろいろ言いにやってくる。息子の目が『ママもいっしょにベッドに来てほしいけど、ぜったいに素直に言ってやるもんか！』と言っている。自分のベッドと、リビングにいる私のところを何回も往復して『ママはどうせ来てくれないもん』とか、消えてるテレビをわざわざつけて『僕よりテレビが好きなんでしょ？』など、あの手この手で私を試す。

〝はいはい、ママが自主的に参ります〟と、こころで言いながら寝室に出向いたら、今度は烈火のごとく怒り出した。

『僕が迎えにいこうと思っていたのにぃ～』

〝はー、まったく疲れるよ〟と思いながら、下の息子を抱っこしてベッドに行ったら、今度はおにいちゃんの番。

『ママは、ぼくのことは嫌いなんだね』と来る。『ママはおにいちゃんも大好きだよ。ママのベッドにおいで』と言ったら『やだ！　臭くて死んじゃう』だって。

そんなこんなの就寝儀式は終わり、約一時間後に無事息子たちは安らかな寝息をたて始めた。

つくづく思うよ、私はホント夢のようないい親だって。子どもが安心してダダをこねられるんだもの。

息子たちが当たり前に思っているこの環境って、実はとっても恵まれてるって、いつ理解するんだろうか？　もしかしたら、一生気づくことはないのかもしれない。

それでもＯＫだよ。ママは、君たちが大好きだもの！」


（『親の時間』の感想ノートより抜粋）

Chapter 4

親の時間をやってみよう！

親を助けてくれる「聞きあう」という方法

ひとつも悩みのない親はひとりもいません。

「親の時間」の集まりで「話を聞きあう」方法を学んだ人たちも、みんなさまざまな悩みを抱えていました。

でも、たくさんの親が自分はよくやっていると認められるようになり、ときどきは、「自分がいい親かもしれない」と、思えるようになってきています。

そしてつらい気持ちになったとき、自分自身を責めるのではなく、直接子どもや他人を責めるのでもなく、まず気持ちをお互いに聞きあえるすてきな関係を、ほかの親とつくっています。

この方法は、ふたりから始められます。私のやっている「親の時間」では、五〜八人ぐらいの小グループで行っています。もし、あなたのパートナーや、友だち、あるいはあなたが所属しているサークル、幼稚園や学校の集まりで取り入れてみたいと思ったら、ぜひ試してみてください。子育てサークルなどで集まりを持ったときに、三〇分だけを「親の時間」として、聞きあう時間をつくってみるのもいいかもしれません。

①あなたは、どんな名前で呼ばれたい？

まず、自分が呼ばれたい名前を決めます。そして、その名前で呼んでもらうようにしましょう。

多くの女性は結婚や出産後、急に呼ばれる名前が変わります。夫の苗字で呼ばれるか、「〇〇さんのおくさん」「〇〇ちゃんのママ」と呼ばれることが多くなります。

だから、「親の時間」は、自分の「呼ばれたい名前」を考えるところから始まります。「おくさん」「ママ」という役割を降りて、本当の自分になって話すために、自分の呼んではしい名前を決めるのです。それは父親だって同じです。

自分が呼ばれて心地いいと思える名前をあなたも考えてみてください。自分で決めた名前で呼んでもらうと、お互い親近感がわくし、本音を話すのにも効果があります。

❷よかったこと探し

「親の時間」は毎回、「最近あったよかったこと」について話すことから始めます。時間は、ひとり一分から二分ずつぐらいとるといいかもしれません。

私たちはいつも、やるべきことや悩みごとで頭がいっぱいで、日常のなかでよかったことがあっても気づきません。それでは、生活が楽しくなくなってしまいます。だから、ちょっと気持ちを切り替えて、いいこと探しを意識してやってみるのです。

私もそうだったのですが、いいこと探しができるようになってから、いろいろないいことに気づくようになりました。あるお天気のいい日、自転車で大通り公園に行ったら、とてもいい匂いがしてきて、なんだろうと匂いの元を探したら、それはライラックでした。ライラックは札幌の花で、大通り公園にもいっぱい咲いているのです。私は長い間、ライラックを見ていたのに、いいことを探そうと意識するまで、ライラックがとてもいい香りの花だということに気がつきませんでした。その香りに気がついたことがすごく嬉しくて、いいことを話す時間で聞いてもらい、喜びが二倍になりました。

そんなふうによかったこと探しができるようになると、嫌なことや、気になっていることも、自分の気持ちのなかでちょっと横に置いておけるようになります。

そのうち、意識的に自分でよかったことをつくってもいけるようにもなります。たとえば、よかったこと探しの時間にみんなの前で話せるように、子どもに「大好き」って言おうと決心して、それが言えた、という人もいます。癌で入院しているおとうさんに、以前はぜったい言えるとは思っていなかったけど、おとうさんの手をとって「おとうさん、私、おとうさんのところに生まれてきてよかった。私のおとうさんでいてくれてありがとう」と言えたとか。この時間は、そんなすてきなことを聞くことができる時間です。この時間は私も大好きな時間で、もう、嬉しくてしょっちゅう、涙ウルウルしています。

なかにはよいことを話す前に、「ここ何日か、泣きたいのをずっとガマンしてきたの」と言って泣き出す人もいます。それでもＯＫです。どの時間も自分の使いたいように使っていいというのが、基本です。

③それぞれの考えが大切

それから、参加者のひとりひとりが順番に話す時間をとって、話す番でない人は聞き手になって話を聞きます。時間は均等に分けあいます。キッチンタイマーを使えば、時間が来ると「ピピピ……」と鳴ってくれるので便利です。たとえば五分ずつと決めて、話す順番を回していきます。

まずいちばん大切なのは、相手にあるいは参加者全員に、話したことや意見に対して、批判したり、否定したりしないという約束に同意してもらうことです。もちろん相手の悪口を言ったり、責めたりしてもいけません。

話すのが苦手な人や、とても緊張する人は無理して話す必要はありませんが、順番はかならず回していきます。このとき、「恥ずかしいーっ」とか、「キンチョーする」と、自分の気持ちを話してもかまいません。自分の気持ちを口にしているうちに、不思議と意見が言えるようになるものです。

誰かが話しているとき、話している人に温かい視線を向け、話している最中は妨害しません。人は温かい注目を浴びると相手に対する信頼感がまして、安心していままで言えなかったことを話せます。いろいろな感情が出てきて、泣き出す場合もありますが、泣きたくなったら泣いてください。ガマンする必要はありません。そして聞いている人たちも、リラックスして温かく見守ってあげてください。

「親の時間」で最初は、「人前で話せません」と言っていた人も、その場が安心だと感じ始めると、少しずつ自分のことを話していけるようになります。その光景は、人間がほかの人たちへの信頼感を取り戻す過程でもあって、私は見ていていつもこころが温かくなります。みんなそれぞれが大切な人で、それぞれの考えもとても大切なのです。

参加者のおかあさんたちは、こんな感想を書いています。

「『親の時間』に来たキッカケは、パートナーとの関係がぎくしゃくしてきていると思ったから。

それなのに、最初の聞きあう時間のなかで出てきたのは、小さいころの自分。そして、滝のような涙、また涙。乗り越えたつもりが、ただふたをしていただけだったなんて、本当に驚いた。

温かな注目のなかで、泣くことが確実に自分をラクにしてくれる。そうすると、前よりはずっと寛大な気持ちでいられたり……。頭がスッキリしてくると、堂々めぐりじゃなくて、ちゃんと思考がはたらくようで、私も捨てたもんじゃない、なんてほのかな自信もわいてくる。

これって大事なことだよね」

「はじめて『親の時間』に参加して、話を聞いてもらったときのショックは忘れられない。初対面の人の前なのに、自分でも訳がわからないほど、涙が出てきて止まらなかったから。

そのときは、取り乱して、『恥ずかしい』『みっともない』『きまりが悪い』といった思いでいっぱいだった。それでも、私は行くことをやめなかった。

泣けてよかったと思えたのは、それから何回かしてからだった。おとなになるにつれて、生の感情を出さないこと、いつも平静であることを、自分に強く課してきたのだなあと、わかった。

泣くことは、悪いことではないんだ、自然なこと、大切なことなんだと、いまは思える。

自分の正直な気持ちを、直接相手にぶつけるのではなく、誰かに吐露することで、イライラや、落ち込みからも早く抜け出ることができ、気持ちの切り替えもスムーズになり、前向きにこころも整理できるように感じる。
まだ、上のふたりの子に対しては、イライラして当たったり、嫌味な言葉を言ってしまったりもするけど、『泣くな』とは言わなくなった」

（『親の時間』の感想ノートより抜粋）

④お互いが聞きあえる関係をつくる

「親の時間」は話を聞いてもらうだけでなく、どのように話を聞いたら効果的かという、聞き方も身に付けます。そのためふたりずつで時間を対等に分けあい、聞きあうことを練習していきます。

タイマーを使い、片方の人が五分話している間、もう片方の人は聞き役になります。タイマーが鳴ったら役割を交代し、今度は聞き役だった人が、五分間話します。話し手は自由に話し、聞き手は話している人に温かい注目を向けて、自分の意見を言わず話を聞きます。

たとえば話し手が「今朝、子どもに怒っちゃった」と言ったとします。それを聞いて、「あなたの子どもはうるさいものね」と、マイナスの判断をしたり、コメントしたりしないでください。話し手がその後を続ける気持ちがなくなってしまいます。あるいは「私も昨日子どもに怒ったわ。実はね……」と、自分の話を始めたりしないでください。話し手の話がそこで途切れてしまいます。

ただただ、相手の話や気持ちに耳を傾け続けてください。温かい気持ちで見守ってあげてください。

時間を分けあい、話し手が聞き手から一〇〇パーセント注目を受けて話を聞いてもらったら、何が起こると思いますか?

自分がなぜ子どもを叱ったのか、本当の原因がわかるかもしれません。自分も子どものころ同じように叱られたことを思い出すかもしれません。子どもに本当はなんと言いたかったのか、わかるかもしれません。

温かい注目のもとで、話を聞いてもらうといろいろな気づきがあるのです。

でもこのとき、絶対守らなければならない約束ごとがあります。それは、聞いたことは口外しないということです。それから、聞きあう時間が終わった後で、「あのとき、あなたはこう言ったけど……」と話の内容に触れることもしないでください。たとえば「子どもの試験の結果が心配」と話していた人に対し、次回会ったとき「試験どうだった?」と、結果をたずねることもしてはいけません。安心して話ができなくなってしまうからです。

相手が悩んでいることを、彼女／彼はぜったい解決していけると信じて話を聞いてください。

人間は温かい注目を受けると、安心していろいろな感情が出てきます。これはとても大事なことです。感情を止めようとせずに話を聞くと、話し手はいろいろなことを思い出したり、気がついたり、できないと思っていたことができるようになったりしていくのです（これに関してはChapter 6の「泣くことの大切さ」で詳しく説明します）。

もちろん秘密厳守と言われても、最初から自分のことをなんでも話したりするのはむずかしいかもしれません。それはあなたのせいではありません。本当の自分を出して話ができるようになるには、時間がかかります。

信頼できるかどうか心配だったら、「信頼してもいい？」とたずねても大丈夫です。相手は「もちろん信頼していいよ」と、かならず答えてくれるでしょう。お互い、温かく注目をしあって、話を聞きあううちに最高に安心できる関係になるのです。

⑤「親の時間」の託児

私のやっている「親の時間」の集まりの託児は、集まりに登録しているメンバーであるおかあさんたちで行っています。

自分たちで集まりを持つ場合、託児をどうするかはみんなで話しあってみましょう。いい方法が考えつくと思います。

託児では、子どもが泣くのを無理やり止めないようにしましょう。子どもが自分の気持ちをもっと感じられるように、泣いている子どもの気持ちに寄り添うようにしてそばにいます。たとえば、「そうだね、おかあさんといっしょにいたいよね」「おかあさんのこと大好きだよね。おかあさんも、○○ちゃんが大好きだよ」というように声をかけます。もちろん、言葉のわからないあかちゃんにも、こころはちゃんと届くので、同じように言葉で伝えます。

託児の経験がはじめてで緊張している子どもには、おとなが、リラックスしている態度を見せるため、子どもと同じ目線で、床に寝そべってみたりします。

子どもには「どうやって、遊ぼうか?」と聞いてみます。子どもは自分で遊びを考え出していけるし、小さな子どもはやりたいこともバラバラなので、それぞれの遊びに注目しながら、声をかけていきます。「それは、何をしてるの？」「おもしろいこと考えたね」というように。

子どもは別の部屋で遊びますが、母親と別れるときに、たとえ子どもがどんなに幼くても、母親がいる部屋を見せて、「おかあさんはここにいるからね。そして二時間たったら、かならずおかあさんが迎えにきてくれるよ」と説明します。「すぐに帰ってくる」とは言いません。なぜなら、おとなにとっては、二時間はすぐかもしれません。でも大好きなおかあさんと別れて、不安なのですから、子どもにとって、二時間は永遠に近く感じるかもしれないからです。だから、ちゃんと「何時間」と時間を伝えてください。

「本当に親は子どもに愛されているんだなー」と、私はいつもひそかに感動しているのですが、母親と別れると「この世の終わり」のように大泣きする子どもがたくさんいます。そんなふうに泣き続ける子どもには、

「おかあさんと別れて悲しいね。いっぱい泣いていいよ。おばちゃんがそばにいてずっと聞いてるからね。泣くのが終わったら遊ぼうね」

「おばちゃんも、○○ちゃんと、仲よしになりたいよ」

と、声をかけ続けます。

どんなに小さい子でも、何回も伝えているうちに、おとなの話している意味をだんだん理解していきます。一時間泣いてるとか、三〇分泣いてるとか、時間が決まってるわけではなくて、その子どもによっていろいろです。泣いて泣いて、泣き疲れて眠ってしまう子もいるし、ひとしきり泣いてから遊び出す子どももいます。最初は全然泣かなかったのに、三回ほど来て「ここは泣いても大丈夫な場所だ」と確認してから泣く子どももいます。もちろんおかあさんと別れても、おかあさんが迎えにきてくれることを知っていて、お友だちと遊べるのを楽しみにしてくる子どももいます。

小さな子どもは、自分の感じていることを言葉で説明することはできませんが、私たちおとなが話すことをとてもよく聞いています。きちんと説明してあげると、その場が泣いても叱られない場所だということや、二時間という長さを自分なりに理解していくのです。

子どもは〝安心〟を感知する

はじめて託児にきたレオちゃんは、おかあさんと離れたとたん、号泣し始めました。それから一〇分ぐらい泣き続けて周りをキョロキョロ見始めました。そして「何やら、ここにはちょっとおもしろいことがあるらしい」という顔で、そばで遊んでいる子どもに目をやりました。

その後「あっ、この人もなかなかやさしそうだぞ」というような目をして、抱っこしていた託児の係の里恵さんをじっと見ました。「このおばさん、僕のことが好きみたい。それならば、ちょっと遊んでみようか」という顔です。レオちゃんはゆっくり里恵さんの膝から降りて遊び始めました。

遊んでいたら、また周りを見回しました。そして急におかあさんのことを思い出したのか、「ママー、ママがいない」と泣き、自ら里恵さんの膝の上に座りました。それから一〇分ぐらい泣き続け、また遊び始めました。これを三回ぐらい繰り返し、おかあさんが迎えに来てくれたときは、満面の笑顔で飛びついていきました。

託児で公園に子どもたちを連れていってあげたときのことです。

いいお天気で、公園は親子でにぎわっていました。いつもおとなしくておっとりタイプの一歳のルリちゃんは、砂場で砂をいじって遊んでいました。

そばで見ていた託児の真由美さんに、砂をひとつかみ差し出してくれたので、「サラサラの砂だね。ありがとう」と、彼女は受け取りました。それから、隣にいたよそのおかあさんの顔を見て、ルリちゃんは、その人にもひとつかみの砂を差し出しました。

その後、ルリちゃんはほかにもこの小さなプレゼントを受け取ってくれそうな人を探しましたが、見当たらなかったようで、またさっきの人のところへ行って、もう一度ひとつかみ差し出しました。その人はまた「ありがとう」とこころを込めて言ってくれました。ただそれだけで、ルリちゃんはその人のことを信頼したみたいで、しばらくそばで遊んでいました。

託児の真由美さんの感想です。

「子どもって、本当におとなをよく見ているよ。小さなプレゼントを受け取ってくれたおかあさんは、こころに余裕のある感じだったの。ほかのおかあさんたちは、自分の子どもを追いかけるのに精一杯というふうに見えたので、一歳のルリちゃんにはそれがわかったのね。小さなプレゼントをあげる方法で、安心できるおとなをみつけたんだね」

どのおとなのそばにいったら泣けるか、安心を感じるか、本来子どもは感知する力があるようです。

集まりが終わったら、待っていた子どもたちと託児の人たちに、こころから「ありがとう」を伝えてください。「あなたたちがいっしょに待っていてくれたおかげで、私たちは安心で、すてきな時間が持てたよ」と。

Chapter 5 親はもっと自由になれる！

自由になって、子育てがラクになる第一歩って？

親同士で話を聞きあう時間を持つようになると、自分が悩んでいたのと同じことでみんなも悩んでいるのに気がついて、びっくりしたり、ほっとしたりすることがよくあります。

とりわけ親はみんな、「自分はいい親ではない」と感じています。どんなに楽しそうで心配ごとなんてひとつもないように見える親でも、あなたと同じように「自分はいい親じゃない」ということに悩んでいるものです。

これは親にかけられている社会的プレッシャーで、親ならみんな感じたことがあると思います。このプレッシャーから自由になると、楽しい子育てが手に入ります。

親同士で話を聞きあうことを始めると、この社会から受けるプレッシャーに気づいて、うまく向きあっていけるようになります

この章では、親にかけられているプレッシャーと、そこから自由になる方法を紹介しましょう。

まず、親に対して社会が押しつけてくるプレッシャーには、どんなものがあるでしょうか？　大きなものをいくつかあげてみましょう。

罪悪感……「子どもを愛せなかったり、叱ったりするのは自分が悪い親で、自分に欠けている部分があるから」「子どもがカゼをひいたのは私のせい」「子どもが泣き止まないのは私のせい」など、いつも子育てのなかで罪悪感を感じさせられます。

孤立感……「子育ては親が全部引き受けなければならない仕事」「子どもの問題はその親がすべて引き受けるべき」と思わされています。また、なんでも早いことが大事にされる社会のなかで、子どものペースにあわせようとす

るおとなは、取り残された気分になります。「みんな仕事のほうが重要だから、子育ては助けてもらえなくてもしかたがない」と思わされてしまいます。

混　乱……「親は～しなければならない」という、あまりにもたくさんの相反するメッセージを、世間やほかの人はバラバラに伝えてくるので、親は混乱させられます。何が正しいか、どういう行動をとったらいいのかがわからない、と感じます。

疲労感……親は一日二四時間、子どもに対して全責任を負わされています。そして、なかなか社会的なサポートがないため、いつも疲労感を抱えています。

こういう気持ちは、親たち全員が感じていることです。あなただけの問題ではありません。これは個人的な問題ではないんです。

「親は～しなければならない。～するべきだ」というメッセージは、社会が親に押しつけている考えです。親はまずそれに気がつく必要があります。

だから、このような気持ちを感じたときには、ぜったいに自分を責めないでください。

社会が親に押しつけているこうしたプレッシャーにもかかわらず、私たち親は子どもを日々育て、愛したいと思っています。それこそ、なんてすごいことだろうって思いませんか?

こうした否定的な感情から自由になるには、まず、自分をぜったいに責めないと決めることです。あなたのことを否定してくるメッセージ、苦しめるメッセージは信用しないと決めてください。

あなたの人生はあなたしか生きることができません。ほかの人が正しいと言っているからといって、自分と子どもにあわない子育てをする必要はないのです。あなたがしたい子育てをすることが、あなたと子どもにとって幸せな関係を築くことにつながります。自分の直感を信じてください。

自分自身を肯定できると、ほかの人とも、自分の子どもとも、仲よくなりやすくなります。

あるおかあさんと話していたとき、彼女はこんなことを言っていました。

「自分のことを否定していたときは、私は友だちができなかった。だって、こっちから話しかけることが迷惑だって思ってたんだもん。

でも、自分がいい人だって気がついたら、私は話しかけてもいいんだって、まず思ったの。それと、友だちになるためにわざわざほかの人にあわせなくてもいいんだってことや、誰かのためにいい人を演じる必要がないって思えたの。自分で、自分を肯定できたから、ほかの親に近づいていけるようになったの」

否定的感情から自由になって、あなたにしか生きられない人生を、ほかの親や、周りの人たちと助けあい、生き生きと、自由に生きてください。

そのための方法を紹介していきましょう。

❶自分をほめてみよう！

親は、どんなときに罪悪感を持つでしょう？　子どもを保育園に預けて働きにいくとき。託児に預けて出かけたりするとき。子どもがひとりぼっちで淋しそうにしていると き。子どもが病気や、怪我をしたとき。子どものほしいものを買ってあげられなかったとき。言い出したら、本当にきりがありません。

罪悪感を感じることが日々、当たり前になっているので、罪悪感を持っていることに気づかない人さえいます。しかし、罪悪感がたくさん重なっていったら、子どもと向きあうのがとてもつらくなり、「自分は親としてふさわしくない」とか、「この子さえいなければ」という感情にまでつながっていきます。

この「罪悪感」のプレッシャーから自由になりましょう。自分が大変ななかでもよくやっていることを認めてあげましょう。そして、ほかの親がプレッシャーを感じていたら、「よくやってるよ」と伝えてサポートしてあげましょう。

もし罪悪感が押し寄せてきたら、自分を肯定する方法を考えてみてください。

たとえば、「私に足りない部分がある」に対しては、「私は十分にやっている」。

「もっとやる必要がある」に対しては「いまはこれが私にできるベストのこと」。

「私は悪い母親」に対しては、もちろん「私はいい親」。

すぐには、思えないかもしれませんが、ゲームのつもりで、反対言葉を考えてみてください。いつか、きっと自然にできるようになっています。

三人の息子を持つゆりえさんは、三番目の子どもを何歳から幼稚園に通わせるか、とても悩みました。上の子ふたりは四歳から幼稚園に入りました。主婦であるゆりえさんは、できるだけ子どもといるのが当たり前と思っていましたから、まだ三歳にもなっていない三番目の子どもを幼稚園に入れたら、自分は母親としての仕事を十分にやっていないことになると思っていたのです。

朝から晩までかならず息子が常にそばにいる生活は、ストレスがたまります。いっしょにいるだけが精一杯で、楽しく遊ぶなんて考えられません。三番目の息子を幼稚園に入れたら、どんなに楽になるでしょう。午前中は全部自分のために使えるのです。でも、「子どもが小さいうちは、ラクをしたらいけない」という罪悪感が襲います。その罪悪感に打ち勝つために、ゆりえさんは「子どもを幼稚園に入れて、自分のために時間を使っても、私はいい親」と自分に言ってあげて、話を聞きあう仲間にも、「ゆりえの決めたことが、一番いい方法だし、正しいよ」と言ってもらい、最終的に、子どもができてからはじめて、罪悪感なしで、自分を優先することができたのです。

「以前は子どもを小さいうちから幼稚園に入れる親は、周りから非難されるとも思い込んでいて、そんなことしたら絶対他人に言えないと思っていたの。でも最近はほかの親にも『ときどきは自分を優先することも大切よ』と、言ってあげるの。私が罪悪感を持たないで言うと、ほかの人も批判してこないことにも気づいた。

それと、気持ちに余裕ができたから、幼稚園から帰ってきた息子たちと遊んだり、小学校に行っている息子の話も、少しずつ聞けるようになっているの」

また別のおかあさんは以前、「散らかってるなー」とか、「俺のシャツにアイロンがかかってない」と言う夫の言葉に、いちいち罪悪感を持っていました。「私が主婦として、仕事をこなせないから夫に迷惑をかけている」と思っていたからです。

そして、ある日子どもに「ママ、ぼくの帽子どこ?」と、聞かれて激しく怒ってしまったのです。子どもにまで非難されているような気がしたからです。子どもはなぜ叱られたかわからなくて、泣き出してしまいました。

「泣いている息子のそばにいて、気がついたの。誰も私を非難しているんじゃないんだということ。

実際私は、よくやっていると思うよ。部屋を片付けるのは得意じゃないから、うまくはできないけど、それで自分を責める必要はないよね。

罪悪感から自由になろうって、決心したら、気持ちがすごーくラクになった。

いまはね、夫が、『冷蔵庫のなか、ぐちゃぐちゃだな』と言ったら、『片付けておいてくれる?』って、軽く言えるようになったの」

② 助けを求めよう

私には、子どもが障がいを持ち、そして自分自身も障がいを持っていて、母親をしながら、仕事もしている友人が、ふたりいます。彼女たちから学んだことのひとつが「助けを求めること」です。

彼女たちは、たくさん助けを求め、周りの人たちから物理的サポートを受けながら、実はその人たちに精神的サポートを与えています。そして、「人間は助けあうことができる」という大切な情報を伝えてくれているのです。助けあえて、信頼できる人間関係を大きく広げていくには、親は誰でも「助けて」と言えるようになる必要があるんだと、実感させられます。

人はひとりでは生きられません。実際、誰もひとりでは生きていません。私たちは、ほかの人に迷惑をかけないようにと、教えられてきました。でも、助けを求めることと、人に迷惑をかけることはまったく違います。

子育てだってひとりでやる必要はまったくありません。託児に預けるとき、「迷惑をかけてごめんなさい」と言う人がいますが、子どもとかかわることはほかの人にとっても楽しいことです。ですからその親は、ほかの人に子どもといっしょにいて、楽しい時間を共有するチャンスを与えてあげているのです。託児は仕事ではありますが、迷惑なことではまったくありません。

あなたも身近にもっと、助けを求めてください。親ではない人、自分の子どもがすでに成人した人も含めて、子育てに協力したいと思っている人は、きっとたくさんいると思います。

そして、もし助けを求めて断られたとしても、それはあなたのせいではないことも覚えておいてください。断った人は、時間的にあるいは、精神的に余裕がなかっただけです。助けを求めることができた自分をほめてあげて、またほかの人に挑戦してみてください。

近くの他人もあなたの味方

佳代子さんには五歳の息子と、二歳の娘がいます。だからいつも、娘をベビーカーに乗せ、「早く、早く」と、おにいちゃんをせきたてながら、幼稚園の送り迎えをしていました。もちろん、おにいちゃんを自転車に乗せていったほうが断然早いのですが、たかが幼稚園の送り迎えのために、下の娘を誰かに預けるなんて、佳代子さんは考えてみたこともありませんでした。

でも、「助けを求めることと、迷惑をかけることは違う」と知って、誰かに頼んでみようかなと、思い始めたのです。断られるのがこわいけど、もし断られても、その人に時間的な余裕がないだけなのだ、と思うことにして……。

誰にしようかと、いろいろ考えて、思いついたのが、隣のおばあちゃん。顔をあわせると、いつもあいさつの声をかけてくれる、やさしそうな人です。でも、実際話をしたこともないし、何かを頼むとなると、少し緊張します。佳代子さんは「親の時間」で、聞き手の人におばあちゃん役になってもらい、なんと言おうかといろいろ練習して、いざ本番。

事情を話したら、「いいわよ」と快く引き受けてくれたのです。「あんまりアッサリで、気が抜けちゃった」と、佳代子さんは複雑な顔をしていました。

そしてしばらくたってから、おばあちゃんに、「あのときは、あなたが思いつめた顔をしていたから、何を告白されるのかと思ったわ」と、からかわれたそうです。

佳代子さんはその後、もう少しかんたんに、ほかの人にも頼めるようになっていきました。もちろん、いつもOKしてくれる人ばかりではありませんが、助けを求めるのが確実にうまくなってきています。

「娘は隣のおばあちゃんが大好きになったの。お庭にいたのに、見えなくなったと思うと、『おばあちゃん、お茶ちょうだい』と言って、お隣に遊びにいっているの。縁側の踏石《ふみいし》に靴を脱いで、ふたりでお茶を飲みながら、お菓子を食べ、仲よくテレビを見ている姿は、本当に微笑ましいよ。仲よしになるのに、年齢は関係ないんだって、ふたりを見てるとつくづく思うわ」

❸自分のしたいようにしていい

千鶴さんは、いつも周りの人たちの目が気になります。外見だけに関しても、自分の着る洋服から、口紅の色、髪型など、ほかの人が自分を見てどう思っているのか心配でした。挙句の果てには、布団を外に干すときでさえ、自分で天気を判断できず、ほかの人が干していたら、やっと安心して干せるという具合でした。

周囲の評価が大切と思い込んでいたので、自分の考えていることや意見は全然大切じゃないと思っていたのです。ですから、意見を無邪気に口に出す自分の子どもにとても腹がたちました。

「ガマンしてだまってなさい」とか、「どうしてみんなと同じにできないの！」と、怒鳴ってしまいます。と同時に「私のように何も言えない子どもになったらどうしよう」と不安にもなるのです。

親は、いつも周りの目が気になります。

社会、夫（妻）、学校の先生、自分の親、そして子どもたちなど、みんなそれぞれ違うことを要求してくるわけですから、その人たちの考えにあわせて、「いい親」を演じようとしたら、混乱してしまうのは当然ですよね。

でも、「ほかの人がどう思うか」よりも、「自分はどうしたいか」を考えてください。

私は「あなたはどうしたいの？」と、よく質問するのですが、ほとんどの人が「わからない」と答えます。なかには、「私がどうしたいかは大切ではない」とか、「そんな質問を一度もされたことがない」と言った人もいました。

あなた自身の人生は、あなたしか生きられないのです。あなたがどのように生きたいか、わかることはとても大切です。相手のしてほしいことばかり優先していたら、自分自身を見失う結果になります。

まずあなたがどうしたいか、そして子どものとき、どうしたかったかを考えてみてください。あなた自身が生き生きと自分の考えに自信を持って生きることが、他の人の意見に混乱させられないですむ方法となるでしょう。

あるおかあさんが、「私、最近決めたことがあるの」と、嬉しそうに「親の時間」で話してくれました。

「何をするときも私はどうしたいのか、一応考えてみることにしたの。まだ、意見としてみんなの前では言えないことが多いし、何を優先すべきか混乱してしまうときもあるけど、自分のことを考えてあげるのはいい感じ。そうしたら最近少しずつ気がついてきたの。

『周囲の目は気にすることはない』『周囲の評価に価値はない』っていうこと。『そのままでいい』っていう意味も少しわかってきた。子どものことで、平均的でなかったり、周りと同じでなかったりすることが、個性であって素晴らしいとか、この子だけの大切なものと信じていいんだと思えるときも、多くなってきたよ。

まだ周囲に指摘されると、グラグラとこころが揺れることもあるけどね。周りがこわくない自分になりたいって、努力してるんだ」

④休むことを忘れないでね

親は疲れています。疲れていると感じないぐらい疲れている親もいます。でも休みをとることには罪悪感を覚えてしまいます。一日二四時間、一年三六五日、親は働き続けています。疲れないはずはありません。

人間は誰でも疲れていると、物事をよく考えたり、的確な決断をしたりするのがむずかしくなります。こころに余裕がなくなるので、人間関係がスムーズにいかなくなってしまいます。疲労のためにいろいろな問題が起こる場合もあります。親はとくに休息が必要だと、覚えておいてください。

静香さんも「休みをとるのは悪いこと」と思っているおかあさんでした。
「体は疲れているのに、頭が冴えてよく眠れないし、休むということがどういうことかよくわからない」と言っていました。
「親の時間」に参加して、休むことに罪悪感を持つのは、社会が親にかけている抑圧であり、親も休みをとる必要があると実感できた静香さんは、やっと休みをとろうと思えるようになりました。

でも家にいるといろいろ気になって休めません。そこで、天気のいい日、子どもが学校にいる午前中にひとりで小旅行に出ることにしました。小旅行といっても、近くのバス停から行き先を決めずにバスに乗り、降りたいところで降りて、一時間ぐらい空き地でぼんやりと空を見たり、散歩したりして、帰ってくるのです。

最初はそれをするだけでもかなりの決断が必要でしたが、いつもと違う時間を過ごせた日は、気持ちもちょっと変わり、夜も早く眠れるようになりました。そしてそのうち少しずつ足を伸ばせるようになり、海を見にいったり、美術館に行ったり、温泉に行ったりできるようになりました。

からだの声に耳をすます

ふだん、仕事で忙しく働いている人たちは、休みをとるのがもっとむずかしく感じるかもしれません。風邪や頭痛をすぐに薬で止めて、からだに無理をさせていませんか？

自分の体の声を聞くのはとても大切です。

あるレストランの店長さんが、最近急死しました。以前、私がそのお店に食べにいったとき、一歳になった子どもの写真を、嬉しそうに周りのお客さんたちに見せていたのが印象的な店長さんでした。発見者は彼の妻で、横で眠っている夫が、ふだん、大きないびきをかくのに、その日はとても静かで変だと思い、彼のからだに触れたときにはすでに冷たくなっていたそうです。死因は脳溢血か脳梗塞。三八歳で、妻はふたり目の子どもを妊娠していました。

数ヶ月前から、頻繁に頭が痛いと言って薬をのんでいて、平均睡眠時間が三時間だったそうです。頭痛がするたび、すぐ鎮痛剤で痛みを抑えるのが習慣になれば、何が原因で頭痛がするのか、わからなくなってしまいます。

気力で乗り切ってきたことに、からだがついていかなくなってしまうときがあります。からだが疲れたと言っていたら、休息をとってください。頭が痛かったら、すぐに薬で抑えようとせずに、からだの声に耳をすませてください。からだは、痛みという方法であなたの注目を必要としているのかもしれません。

子どもの頭をなでるように、痛いときにお腹をなでてあげるように、自分のからだも痛い部分をやさしくなでてあげてください。私たちのからだは、毎日よく働いてくれています。それに気づき、ときどきはゆっくり横になって、大切な自分のからだの声を聞いてみてください。

そして、パートナーや、お友だちのからだにも「疲れたら休んでね」って言ってあげてください。

親である誰もが、忙しいだけではない、すばらしい人生を生きる権利があるんです。

Part Ⅱ

子どもと最高にいい関係をつくれる方法！

Chapter 6

親に知ってほしい大切なこと

五章までは、親自身がラクになる方法を紹介してきました。六章からは、子どもともっと仲よくなれる方法を紹介していきたいと思います。

まず、ここでは親がよく困ってしまう子どもたちの感情表現が、どんなに子どもたちにとって大事か、それをサポートすることでどんなに育児がラクになっていくのかを紹介していきましょう。

1　泣くことの大切さ

泣くとからだの痛みもやわらぐ

子どもが走って転び、大泣きして、その後また何ごともなかったように走り出す光景を見たことがありますか？

泣くことで、人間が傷ついた体験から回復できると知る前、私は、「子どもは学習能力がないから、また走れるのだ」と決めつけていました。それに実際、おとなは、「泣いても何も変わらないでしょう？」と言います。

でも、本当は、泣くと痛みはかなりやわらぐのです。

私の下の娘、梨々杏が札幌に来たのは三歳でした。ちょうど、一一月で雪が降り出したころ。札幌は冬になると雪が凍って、道路がツルツル滑ります。梨々杏にとってそれははじめての経験でしたから、いつものように走って、滑って転びました。転んだら、痛い。でも、走ったり滑ったりするのは楽しい。梨々杏を観察していたら、転んでワーッと、ひとしきり泣く、そしてまた走る。こんなことを何回も繰り返しているのです。それで、私は最初、「この子は、まだ小さいから学習能力というものが身に付いていないのだろう」と思っていました。

そのころ私は、泣くことで精神的に傷ついた体験から回復できるということは、身をもって理解していましたが、肉体的な痛みにも有効だとは知りませんでした。梨々杏を見ながら「とにかく泣いてるんだから、止めないでおこう」と決めて、何も止めないで見ていました。雪の上で転んでも、ちょっとアザができるだけで、そんな危険でもありませんし。

梨々杏は、滑って転ぶ、泣く、そしてまた起きてまた走る。そして、また転ぶ。それからまた泣く。その繰り返しを見ているうちに、どうやら、泣いたら痛みがなくなるらしいということがわかったのです。だからまた走れるわけです。

さらに少しずつ転ばないように、走る技まで、身に付けていってることにも気がつきました。「転ばないように走らない」ではなく、泣いて傷から回復し、「どんなふうに走ったら、滑って楽しむことができるか」を実践していたわけです。

これが原因なのかどうかわかりませんが、梨々杏はスキーやスケートで転ぶことにも恐怖が少ないようです。とにかく梨々杏の行動を見ていてはっきりしたことは、肉体的な痛みにも、泣くことが回復に役立つということでした。

泣くことで問題も乗り越えていく

梨々杏の例をもうひとつあげてみましょう。梨々杏が五歳になったとき、わたしたち一家はまた引越しして新しい場所に住むことになりました。近所に梨々杏と同じぐらいの子どもが何人かいましたので、彼女はみんなと仲よしになれるのを楽しみにしていて、子どもの声がするとすぐ外に出て行きました。

みんなで、近くの公園で遊ぶのですが、出ていったと思うと、よく泣いて帰ってきました。お父さんがイギリス人なのでみかけがみんなと少し違うし、近所の子どもたちのなかでは一番年下なので、仲間はずれにされることがあったのです。

でも、もちろん、梨々杏にとってはそれは理不尽なことで、梨々杏にはなんの責任もないことでしたし、いじめられたら泣きたくなるのは当然です。家に帰ったら、ママがかならず泣くのを聞いてくれるということもよく知っているので、とにかく、公園から家まではぐっと泣くのをガマンして帰ってきました。そして、家の玄関を入ったとたんに「ママー！」と泣き始めます。

泣きながらときどき母親がちゃんと見守っているかどうかを確かめ、三〇分ぐらい泣いたら、すっかり元気になって、「行ってくるわ～!」と言うのです。「どこに?」と聞くと、当たり前でしょうという顔で「公園」と答え、また出かけていきます。

私がしたことは、無理やり理由を聞かず、泣くのを止めずに、そばにただただ居続けてあげたことだけでした。

こんなことが、何回も続いているうちに、梨々杏はお向かいの子と大の仲よしになりました。でも、お向かいの子のほうがひとつ年上で、彼女はひとりっ子でしたので、「あれしちゃダメ」とか「これしなさい」と梨々杏にいろいろ命令します。

梨々杏は命令されるのがとても嫌だったので、かならずけんかになってしまいます。「もうぜったい来ないから!」とバーンとドアを閉めて、帰ってきて、「もう一生遊ばない」と言ってワンワン泣くと、また「遊びに行ってくる」と、三〇分後にはお向かいに出かけていくのです。

こんなことを繰り返しているうちに、お向かいの子も泣きたいときは、うちに来るようになりました。彼女たちを見て思ったのは、子どもたちはかならず自分の話を聞いてくれたり、泣いたりできる人を探しながら生きていて、そんなおとながそばにいてくれたら、けんかしても仲直りして、かしこく生きていくんだなということです。

あるおかあさんは、子どもが幼稚園に行きたくないと、毎日泣くので困っていました。泣いている子を、幼稚園に無理に連れていくのがかわいそうで、結局休ませたことも何回もありました。「じゃ、今日は幼稚園に行かなくていいから、もう泣かないで」というふうに……。

でも、泣くのが悪くないということがわかったら、子どもが泣いているときの自分の罪悪感が少しやわらぎました。それからは、幼稚園に行く前に「まず、いっぱい泣いていいよ」と言えるようになりました。そうしたら、あんなに大変だった子どもが、泣くだけ泣くと、自ら幼稚園の準備をして、行くようになったのだそうです。

子どもは潜在的に、泣くことで傷から回復することを、よくわかっているのだと私は思います。だから、傷を癒してまた行動していくために、泣くことはとても大切な行為だと、子どもはおとなに教えてくれます。

おとなは、子どもが泣くと自分が責められているみたいでつらいし、どうしたらよいかわからなくなります。でも、特別に何かしたりする必要はなくて、そばにいて聞いてあげるだけで十分なのです。

ただそばにいてあげるだけでいい

真奈美さんは、娘が赤ちゃんのころ、夫と離婚していて、娘は父親のことをまったく覚えていません。だから、一枚だけあった彼の写真を、小学校一年生になった娘が偶然みつけたとき、真奈美さんは「しまった」と思いました。夫に恋人ができたことが原因で離婚になったため、なんと説明したらよいかわからず、娘に話すこころの準備ができていなかったのです。

それでも、娘が「ママこの人だーれ?」とたずねたときは、正直に「あなたのパパよ」と、答えました。そしたら娘は、写真を片手に急に泣き出したのです。

泣いて、泣いて、泣いて、三〇分以上泣き続けました。真奈美さんはどうしたらよいかわからなくて、ただただオロオロしていましたが、泣くのだけは止めずに、そばにいました。

ある日とつぜん恋人のもとへ行ってしまった夫のことを、娘にどんなふうに説明したらいいか、あれこれ考え途方にくれました。でも、娘は泣くだけ泣いたら、真奈美さんのほうを見て「ニコッ」ッと笑い、おかあさんに写真を戻して、何ごともなかったようにまた遊び始めたのです。そして驚いたことに、その後、父親について何も聞いてこなかったそうです。

「よく止めないで聞いてあげたね」と、私が言ったら、

「止めようにも、私自身どうしたらよいかわからなかった。でも、それが何もしないでそばにいるということにつながったのだから、よかったって思う。いまもあのとき娘の気持ちに何が起こったのかわからないけれど、多分泣くことで傷が癒えるのを娘は知っていたのだろうね」と、考え深そうに話していました。

親が受け止めてあげると子どもは安心して本音を見せられる

あるおかあさんは、幼稚園に迎えにいったとき、息子のヨッ君が不機嫌なことに気がつきました。家に帰ってきて、「今日はお友だちと遊ばないの?」と聞いても、「遊ばない」と、ぶっきらぼうに答えるだけです。そのうち、気を取り直したのか、オモチャ箱を棚からとろうとしたとき、箱の上に載せていたタイコがヨッ君の頭の上に落ちてきました。それをきっかけにしたように、ヨッ君は「痛いよー」と泣き出しました。

いつもならいろいろ小言を言いたくなるのですが、今日は少しようすもおかしいと思って、泣くのを聞いていることにしました。

「痛いよー。痛いよー」と泣き叫んだ後、おかあさんがそばにいることを確認したヨッ君は、泣くのをやめて「今日、幼稚園で『弱虫』って言われた」と、教えてくれたのです。そのとき、やっとおかあさんは、「ヨッ君は、最初からこれを私に聞いてほしかったんだ」と、理解しました。

「ママはぼくが弱虫だと思う?」と、真剣な目で聞いてきたヨッ君に、おかあさんは、「ぜんぜん弱虫じゃないよ。強くてやさしい男の子だよ」と答えました。ヨッ君は、急に元気になって、落ちてきたタイコを、手のひらで、ポンポンとたたいて、ニコッとおかあさんに笑いかけました。

「泣く子どもに耳を傾けるという意味が、本当にわかったの」と、嬉しそうに教えてくれました。

でも、子どもでも、人は緊張していると、なかなか泣くことができません。そんなとき、安心したり、温かい注目を受けたりして緊張が解けたら、涙が出てきます。

たとえば、デパートで迷子になった子どもが、自分の名前と年齢、電話番号を答えられるぐらいしっかりしていたのに、おかあさんの顔を見たとたん大泣きすることがあります。

知らないおとなに囲まれて不安だった気持ちが、大好きなおかあさんの顔を見てやっと安心して、ガマンしていたのが涙となってあふれ出すのです。

おとなは泣くのを止めたくなりますが、子どもは泣くことで、自分の不安だった気持ちや孤独感をようやく癒し始めているのです。この大事なプロセスをどうか止めないであげてください。

子どもが泣くとあなたはどんな気持ちになりますか？　あなたが小さいときはどうでしたか？　泣いていたらなんて言われましたか？

「泣いてもいいキャンペーン」

梨々杏が四歳で保育園に行き始めたときのことです。ある日、「びっくりした！」という顔で帰ってきて、「ママ、保育園でね、○○ちゃんが泣いていたらね、先生が『泣くな』って言ったんだよ」と言うのです。「泣いたら、その子は元気になってまた遊べるのに、○○先生はどうして泣くなって言うの？」と、本当に不思議だというふうに聞いてきました。そこで私はこう説明しました。

「おとなの人が、みんな『泣いてもいい』って言えるわけじゃないんだよ。子どものとき『泣いちゃダメ』って育てられた人もいっぱいいるから、同じことを子どもに言ってしまうの。ママも前は人前で泣くことは恥ずかしいって思っていたよ。

それに、先生が泣いている子のことが心配になったら、ほかの子どもたちに注意がいかなくなっちゃうでしょう？　先生がひとりでいっぱいの子どもたちを見てるわけだから、泣いちゃったら、困るんだと思う。だから『泣いちゃダメ』って言うのよ」

梨々杏は、私の話を聞いてから、「うーん」と考えていて、

「わかった！　そうしたら梨々杏が『泣いていい』って言ってあげればいいんだね。そうだ、先生にも言ってあげよう」とはりきって保育園に行きました。

次の日、先生に早速話してみましたが、先生は梨々杏が何を言っているのかよくわからないということが、判明したのです。梨々杏が話してみたら、先生が「えっ」という顔をしたそうです。

そこで泣いている子どもに「泣いてもいいよ」と話したら、すぐに子ども同士では通じあえたので、それからは誰か泣いてると、梨々杏は、そばに行って「泣いてもいいよ」と言ってあげていました。泣けばすぐ元気になってまた遊び始めると、子どもたちはよ

く知っていたので、子ども同士だとかんたんだったようです。それを私は、梨々杏の「泣いてもいいキャンペーン」と呼んでいました。

梨々杏は、保育園の先生の件は、少しショックだったみたいですが、それからもあきらめずに、おとなの人にも機会があると泣くことの大切さを説いて回っていました。でも、小学校に行き始めたころから、子どもの力やかしこさを信じていないおとなが、たくさんいることに気がついて、その人の前で話すと、かえって押さえ込まれることもあることがわかったのです。そういうときは、

「このおとなはむずかしいから、ママから言ってちょうだい」というように、頼んでくるようになりました。それから私たちは、梨々杏は子どもに伝え、私はおとなに伝えるというように、チームを組んで動いています。だから、梨々杏も愛鈴も「親の時間」の大切さをよく知っていて、たくさん応援してくれます。

2　子どものかんしゃく、怒りと恐怖とのつきあい方

かんしゃくには理由がある

私たち親は、子どもが泣くことにはつきあえても、かんしゃくや怒りにはなかなかつきあえません。「かんしゃくを起こす子どもは、問題がある」「いい子は、かんしゃくを起こさない」と思っているからです。

「泣いてはいけない」と同じように、「かんしゃくを起こしてはいけない」と、私たちも子どものころからたくさん言われて育ってきたと思います。

でも、「親の時間」で、「かんしゃくを起こすのにも理由があって、必要なことだから、泣いているときのように、ただそばにいてあげることが大事なのよ」と聞いて、実際に子どものかんしゃくにつきあったおかあさんの話を知ると、「なんだ、うちの子だけが特別なわけではないんだ」と、本当に安心するようです。

それでも、かんしゃくは、地団駄を踏んだり、手や足をバタバタさせたり、海老反り

になって激しく泣いたりと大騒ぎです。ものすごい勢いで怒り出すので、親は不安だし、心配になるのは当然ですよね。でも、子どものかんしゃくを観察していると、大騒ぎはするけれど、誰かを傷つけようと思ってやっているわけではないのがわかると思います。ただ「こういう状態でいるのは嫌だ！」と感情を発散させたいだけなのです。

かんしゃくは、やりたいことがうまくできない挫折感や怒りや、不安な気持ちを発散させているだけで、異常なことではまったくありません。

反対に、たくさんかんしゃくを起こして、気持ちを発散できれば、子どもは挫折感をふりはらうことができて、辛抱強くいろいろなことにチャレンジできるようになります。

いつもふきげんだった子も、かんしゃくを乗り越えるたびに機嫌がよくなり、気持ちが落ち着いていきます。

もし気持ちを発散できないと、挫折感から立ち直ることができなくなりますし、周りの人が信頼できなくなってしまいます。

かんしゃくを起こす子どものそばにいて、全然怒らずに見ていると、子どもは自然に落ち着いていきます。ほかに、何もする必要はありません。

かんしゃくだってそばで聞いてあげる

ユミちゃんは、歩き始めたころから、家のなかでも、出かけてもかんしゃくを起こして、母親の奈津子さんはとても困ったものでした。公衆の面前で、床に寝て、手足をバタバタさせて、大騒ぎします。

おかあさんと歩いているときに、何か少しでも気に障ることがあると、急にかんしゃくを起こすので、予防策も全然みつかりません。腫れ物にでもさわるように、とにかくかんしゃくが起こらないようにと、祈りながら、生活していました。

ユミちゃんが外でかんしゃくを起こしたときには、奈津子さんは必死の思いでうちに連れ帰るしかありません。たたいて、「ぜったいそんなことしないで」と、叱ったこともありました。

でも、たたいた後に、罪悪感で苦しくなって、何かほかに方法はないのだろうかと探して、「親の時間」に来るようになったのです。「ユミが苦手で、どうしても好きになれない」と言って、苦しそうに泣いていたのを、覚えています。

「なぜユミちゃんが嫌いなの？」とたずねたら、

「ユミはかんしゃく持ちなの。かんしゃくを起こして、私をわざと困らせようとしてるんだわ。周りの人たちにも非難されるし、将来どんな子になるかもすごく心配」

「かんしゃくは悪いことじゃないし、その子には必要なことなのよ」と話したら、最初は理解してくれませんでしたが、とにかく無理やり止めなくてもいいことと、かんしゃくが悪いことではないし、母親を困らせるためにやっているのでもないこともわかっていきました。そしたら奈津子さんの気持ちがリラックスして、「悪いことじゃなかったら、私がたたいて止めることもないのね」と、ユミちゃんがかんしゃくを起こしても止めなくなったのです。

以前は、外に連れていくときも、戦々恐々でしたが、それからは気持ちがリラックスしていますから、道路でかんしゃくを起こしたら、目立たないところに連れていって、「ここで、いっぱい怒っていいよ」と、臨機応変に対応できるようになりました。

かんしゃくを聞いてもらった後、ユミちゃんは、見違えるように機嫌もよくなっていきました。もちろん、たたいて止めることもなくなりましたし、叱ることも随分減って、気がついたらかんしゃくが起きなくなっていました。

「一生続くのかと思っていたけれど、結局二年もかからなかった」と、奈津子さんは話していました。

ヒデ君はパジャマを自分で着たいと言い張っていましたが、ボタンを思うようにはめることができません。どうしてもできなくて、「ワーッ」と怒って、地団太踏んで大騒ぎして、大泣きして、それでもあきらめません。

おかあさんが黙って見てたら、ひとりしきり大騒ぎした後、またボタンをはめ始め、できなくなると、また同じことをして、最終的に全部ボタンをはめることができました。

途中、彼女の夫がガマンできなくなって「そんなにしてないで、ボタンはめてやれよ」言ったらしいのですが、「あなた、聞けないんだったら向こうに行って」と、とにかく息子のかんしゃくにつきあったのです。もちろん、パジャマを着た後、ふたりで大喜びしたそうです。

子どもの怒りにつきあう

子どもの怒りにつきあうことも、親にとっては大きな挑戦です。母親は女の子として育てられたわけですから、おとなしい女の子を要求されていて「女の子は怒ったらいけない」という意識があります。子どもが男の子で、怒ることがあれば、暴力的になるのではないかとこわくなり、無理やり押さえ込もうとします。

でも、大切なことは、怒りの裏側にあるものです。子どもだけではありません。おとなだって、孤独だったり、ほかの人が無理解だったら怒りたくなってしまうでしょう？　子どもも同じなのです。怒りの裏側に「ぼくはここにいるよ」「私を見て」「ひとりぼっちにしないで」という悲しみが隠されているのです。

子どもが怒ってたたいてくるときがありますよね。試してみたらわかると思いますが、小さな子どもにたたかれても、おとなにとってあんまり痛くはありません、私もしょっちゅう試していますが、四、五歳の子にたたかれても全然痛くありません。子どもはただ、たたくという方法で怒りを発散しているのです。誰かを傷つけたいのではなく、自分のことを理解してもらえない不満で、人をたたきたいぐらい怒っているのを認めてほしいだけなのです。

大切なのは、怒っている子どもと、どのように信頼関係をつくっていくかということです。そのとき、「たたいちゃダメ」は、なんの意味もありません。「この子は、なぜたたきたいほど、怒っているのかな」と、理由を探る必要があるのです。

最初は、もしかしたら何も言ってくれないかもしれません。でも、たたき始めたら、手で受け止めてみたり、クッションを持ってきてうまく自分の体を守りながら、「おっ、いいパンチ！」と、明るくつきあってみてください。つきあっているうちに、子どもはあなたを信頼し始めます。やがて、子どもが怒りを笑いで発散し始めたら、怒りがうすくなっているという証拠です。

なぜなら感情表現をすることで、傷ついたところから抜け出し始めているからです。

子どもがとても怒っているときは、抱っこもさせてくれません。自らひとりぼっちになろうとするかもしれません。でも、もしその大きな孤立感や、悲しみを、抜け出して、泣いたり、笑ったりができるようになったときは、あなたが触れても怒らなくなります。気持ちもやわらかくなって、そのときには、あなたに愛されているという感覚も取り戻して、怒りはすっかり消えています。

そんなふうにあなたの存在を確認できたら、もう孤独の穴から抜け出していますから、「何があったの」と、やさしく聞いたら、きっとその理由を話してくれるでしょう。怒りの背後には、かならず悲しみや、孤独感が隠されているものです。子どもはそれをどうやって表現したらいいかわからなくて、あなたをたたくという行為で助けを求めているのです。

子どもは、自分だけでなく、どの子も暴力を受けてはいけないことを知っています。

だから、ほかの子どもが傷ついているのを見ても、怒るし傷つくのです。しかし、ほかの子どもと比べられたり、競争させられたり、理解のないおとなに批判されたりすると、怒りがほかの子どもに向いてしまいます。力のあるおとなにはこわくて怒れないので、それをほかの子どもに向けてしまうのです。

子どもの怒りがおとなに向いたときは、その子どもと信頼関係をつくれるいいチャンスです。「子どもが暴力的に育ってしまうのでは？」と心配する必要はありません。小さいときの怒りを止められずにきちんと聞いてもらえた子は、むしろ思春期に落ち着いた子どもに成長します。

ただし、受け止めるといっても、本当はとても痛いのに、わざわざ自分の身を投げ出して、たたかせたり、蹴られたりする必要はありません。子どもはあなたを傷つけたいわけではないのです。痛いときは、それを正直に伝えて、子どもの手をつかんで止めるなどして、自分の身をきちんと守ってください。

あるおかあさんは、子どもの怒りにつきあうことで、自分が子どもを傷つけていたことに気づくことができました。

「『親の時間』に通うようになって、子どもの気持ちにも耳を傾けることができるようになったある日、サトが『死にたい。死にたい』と言うようになった。

何か嫌なことがあって、テレビの真似をしているのだろうと、軽く考えながらも、『そうか、つらい思いをさせてごめんね。でも、サトはすごく大事な人だよ』と、答えていた。そんなふうに言ってはみたが、息子がどうしてそんなに死にたいと思っていたか、本当の意味には、まったく気づいていなかった。

ある日、何かをきっかけに、サトがまた怒り出し、私をたたいてきた。顔を真っ赤にして、ものすごく怒り出した。その怒りを受け止めようと決めて『何に怒っているの？』とやさしく聞いたら、『サトは、もう死ぬから』と、言い出した。『どうしてそう思うかおしえて』と何度も言いながらサトに向かったとき、いままでは本人も言葉にならなかったであろう理由が出てきたのだ。

『だって、ぼくは生まれてこないほうがよかったんでしょ。そのほうがよかったはずでしょ。みんなそう思っているでしょ』

それで、私はやっと思い出した。『サトが生まれてからは、ろくなことがない』と、息子が小さかったときに、わからないだろうと思って繰り返し言っていたことを。

私は動揺をおさえて、まったくサトが悪かったわけではないこと、サトが生まれたとき、私自身に余裕がなかったこと、助けがなかったこと、私が言ったことでサトを傷つけ、存在自体も否定していたことを、こころから謝った。その後、サトは『いいよ』と、一言言った。涙が止まらなかった。ふたりで泣きながら、抱きあい、気がつくと最後には笑いあっていた。

でも、もちろんこの一回で彼の怒りが収まったわけではない。何かのきっかけで怒り出すと歯ぎしりしながら、私の胸倉をつかんでくる。大きな怒りを体当たりでぶつけてくる。その小さな手、小さなからだ。すべてが愛しい。今日も私の上にまたがり、顔にパンチしてきた。それを手で受け止めながら、『オーとっと。いーパンチです！』と実況すると、いつしか笑いに変わる」

（『親の時間』の感想ノートより抜粋）

子どもの怒りとかんしゃくから学ぶこと

私の上の娘の愛鈴も、とても怒ってかんしゃくを起こす子でした。三歳のときに英語しか話せないのに、突然日本で生活することになったこと、ほかの日本の子どもたちとみかけが違うこと、おとうさんが暴力的だったこと、両親がいつもけんかしていたこと、後で考えたら、愛鈴のせいではないのに、思い通りにならないことばかりで、愛鈴が怒ったり、文句を言ったり、かんしゃくを起こす理由はいろいろあったとわかりました。そして、愛鈴の怒りやかんしゃくにつきあうなかで、子どもが怒ったりかんしゃくを起こすことは、両親や周りのおとなに傷つけられた体験から回復し、信頼関係を取り戻すためにとても大事なことなのだということがわかっていきました。子どもたちは生まれたときからそのことをよく知っている、勇気ある人たちなのだということなど、愛鈴から教えられることもたくさんありました。

ある日愛鈴が、またパニック状態のようになり、かんしゃくを起こして、大泣きした後、「愛鈴気がついたんだけど」と、話し始めたことがありました。

「愛鈴は、まだ生まれたくなかったんだよね。まだ生まれる準備ができていなかったし、まだ、ママのお腹のなかにいたくて暴れたの。無理やり出されたのが、本当に嫌だった」

それは、本当のことでした。愛鈴は予定日を二週間過ぎても生まれてこなかったから、私は入院して誘発剤を使い、人工的に陣痛を起こし、産むことになったからです。でも、何時間、陣痛に耐えても、あかちゃんは生まれる気配もなくて、結局体力がなくなったため、下半身麻酔をしたのです。そして、あかちゃんの心音だけをモニターで見ていたら、急に心音が停止して、すぐに帝王切開となりました。愛鈴はへその緒を首にぐるぐるに巻きつけていて、泣き声も出さなかったので、すごく心配でした。その後、胃を洗浄して、やっと泣いてくれて、無事だったのです。

あかちゃんは、何もわからないという人がいるけれど、それはぜったい間違いだと私は思います。胎内にいるときから感覚を持っていて、言葉にはならなくても、体が覚えているということもきっとあるのだと、私は思います。もしかすると、かんしゃくを起こす具体的な理由がみつからないとしても、どこかにかならずそれはあるのだと思います。

愛鈴がかんしゃくを起こしたり、怒りながら文句をいっぱい言ってきたら、もちろん聞けなくなるときもたくさんありました。そのときは、「無理しないでいよう」と思いました。私がその後つらくなって、愛鈴に怒ってしまうからです。

かんしゃくを起こして文句を言い始めるとき、その矛先が私に向くと、聞くのがむずかしくなってしまうのです。そうなったとき「ごめん」と言って、もうそこで愛鈴が泣いていようが、かんしゃくを起こしていようが（泣いてかんしゃくを起こしている分には別に死ぬこともないし）、「愛鈴、そのままで泣いてて」と言って、私は誰かに電話して話を聞いてもらったこともあります。

夫と別居してこれから愛鈴との関係もよくなるだろうと思ったらそれがまったく反対でした。夫と別居して、私たちが札幌に移ってすぐ、愛鈴がもっとむずかしくなってしまったのです。いままで母親の注目をほとんど奪っていた父親がいなくなったので、やっと自分にも注目してくれると思ったのでしょう。それまで、愛鈴が一番ガマンしてきたのですから、それは当然のことだったのです。たまっていた失望感や不満を全部私にぶつけてきました。それは、愛鈴が一〇歳で小学校四年生のときでした。

「愛鈴なんか生まれてこなければよかったんでしょ」「ママがあんなやつと結婚するから、愛鈴がこんなになっちゃった」「ママは、愛鈴のことをまったく考えない、助けてもくれないひどい親だ」

愛鈴は私が本当にどんなに愛鈴のことを大切に思っているか試そうとしてきました。この状態はもしかしたら永遠に続くんだろうかと思ったこともあります。でも、愛鈴は、ただただ、私のことが大好きで、私にも好きでいてほしかっただけなのです。

「愛鈴は、大切なひとだよ。あのときは、助けられなくて本当にごめんね。本当は助けたかったけど、すごくこわかったからそうできなかったの。ママはもう強いってわかったから、これからはぜったい助けるよ。愛鈴は、とってもやさしくていい子だよ。愛鈴は、とっても大事なかけがえのない存在だよ」と言ってほしかっただけなのです。

何回も何回もそんなことを繰り返し、そのたびにふたりで抱きあって泣いて、私たちは、どんどんなんでも話しあえる親子になってきました。永遠に続くかと思っていた愛鈴の私に対する大きな怒りは、私が彼女の悲しみとつらさを聞き続けていくことで、二年ぐらいでいつのまにか消えていきました。

その後は「ママ時間ちょうだい」とか、「ママ聞いて」とか、「ママ泣いてもいい？」と、言ってくることは、しょっちゅうありましたが、母親を責めるという方法はとらなくなったので、聞いていてもそれはとても楽になりました。私に見せてくれる愛鈴の、かんしゃくと、号泣は、本当に素晴らしいものでした。

かんしゃくの後の彼女の行動の変化から、かんしゃくを起こすのは、必要なことだと、私は教えられました。

愛鈴は現在、妹の梨々杏の話もよく聞きサポートするやさしいおねえさんです。愛鈴は感情を受け止めてもらうことの大事さを自分の経験からよく知っているので、自分と同じ若い人たちや、子どもたちの涙、怒り、かんしゃくも愛情を持って聞き続けています。そして、彼らからとても信頼され、好かれるすてきなおとなに成長しています。

自分の人生、夢に限界を置くことなく、チャレンジしながら、一歩一歩、彼女の大きな夢に向かって進んでいく姿を見ていると、子ども時代にどんなにつらい体験をしても、涙、怒り、かんしゃくなどでこころの傷から回復することの効果を確信することができます。

3　子どもに「ダメ」というとき

いろいろなことに、理由もなくダメと言うと、子どもはこわがるようになります。本当にダメだというときには、なぜダメか子どもにわかるように説明してあげてください。おとなも、そうすることで、なぜ自分がダメと思うのか、よく考えられるようになります。

おとなが「ダメ」といわなくてはいけないときは、子どもが危ないことや、ルールを知らなくて間違ったことをしてしまった場合と、子どものほうがおとなに関心を持ってもらいたくて、わざと悪いことをした場合とがあります。

とりわけ、子どもが、モノを投げて壊そうとしたり、誰かを傷つけようとしたら、それはおとなに関心を持ってほしいときです。やさしく「ダメ」と言ってかかわってほしいという、SOSの合図なのです。「ダメ！」と叱って押さえ込むのではなくて、「ダメ」と言って抱きしめてほしいのです。

抱きしめて、やさしく「傷つけちゃダメだよ」と言ってあげると、すぐ泣き出す子どもいますし、「イヤだ、あっちに行け」と、怒る子どももいます。

泣き出す子は、ただそばにいてあげたら、ひとしきり泣いたらまた、元気になって遊ぶことができます。なぜ怒っていたのか教えてくれる場合もありますが、何も話さないときもあります。どちらにしろ、泣き終わった時点で、怒りはなくなり、もう誰かを傷つけたりしません。

怒っている子とつきあうには、とにかくその子どもの言うことを聞くことが大切です。そして、ちゃんと聞いていることを、子ども自身に伝えてください。たとえば「あっちに行け」と言われたら、少し離れたところに立ち、でもきちんと子どもに「離れていてほしいんだね。でも本当はそばにいたいよ」と、伝えて、待ってあげてください。その後、「もう少し近づいていい?」と、質問してみてもいいです。そのように子どもの行動に注目していたら、子どものこころが少しずつやわらかくなってきて、「自分はこの人に大切に想われている」と、感じることができるようになっていきます。

子どもが怒っているときの気持ちの後ろには、かならず悲しみや孤独感があるのを覚えておいてください。ですから、子どもが「あっちに行け」と言っても、それに対し怒るのではなく、「五分間だけそばにいていい?」とか、「ママは、○○君をいまひとりぼっちにしたくないよ」と、声をかけてください。

泣けない子どものそばへ

子どもたちがけんかを始めたときには、うまくやさしく「ダメ」というのはむずかしいものです。たとえば、おにいちゃんと妹がケンカして、妹が「ワーッ」と泣き出したら、おとなは小さい女の子である妹の味方をしたくなってしまいます。でも、実際はどっちも傷ついています。

おとながふたりいて、ひとりずつ抱っこできれば、いいのですが、おとながひとりしかいない場合は、「傷ついた」と表現できない子、泣けない子のほうを抱っこしてあげてください。泣いている子は、いつだってあなたのそばに来て「痛いよー」と言えますが、泣けない子は、ガマンしているからです。そして、ガマンしている分、意地悪な気持ちになってしまい、自分より力の弱いものに向かってその気持ちをぶつけてしまうことがあるのです。

そして、「何があったの?」と聞いてあげてください。「本当は、妹をいじめたいんじゃなく、別の理由があってやったんだ」ということを話してくれるかもしれません。

子どもは本当はやさしく「ダメ」と止めてもらいたいのです。そしてその背後にある理由を聞いてほしいと思っています。それなのに、「悪い子ね！」と責められたり、無視されたりしたら、おとなの前でやっていたことを、そのうち隠れてやるようになります。だから、親の前で「悪いこと」をやっているときが、「ダメ」を言うチャンスなのです。

本当はどの親も「今日はおにいちゃん、ちょっと機嫌が悪いな」「兄弟げんかになりそうだ」とどこかで気づいているものです。そして忙しく仕事や家事をしながら、こころのなかで「どうか、けんかになりませんように」と祈ったりします。でも、それはほとんど効きめがありません。

何か気配を感じたら、問題が起こる前に、「おにいちゃん、今日学校で何かあったの？」と、気にかけていることを知らせるために、声をかけてみるのも有効です。そうすれば、母親が自分に注目してくれているのを感じられますから、妹をいじめるという方法をとらずに、話をするきっかけがつかめるかもしれません。

でも、子どもがケンカを始めたとき、「これは、ふたりで解決するから、ママは口出ししないで」って、はっきり言うときもありますから、それらを見分けていくのも大切です。

「『親の時間』の託児でのこと。

いつもは、おかあさんから離れると三〇分ぐらい大泣きしていたケンジ君。その日は、『泣かないもん』と、平然としている。

『ガマンしなくていいんだよ』と言う言葉にも
『泣かない、泣かないもん』と、繰り返し答える。おもちゃで、遊び出したけど、ほかの子が遊んでいたオモチャを横どりし始めた。

『ケンちゃん、本当にそれで遊びたいの？』と、顔を見たら、なんだかとてもつらそう。だから、

『それは、ダメ。無理やり横どりはダメだよ』と、やさしく、毅然と言ったら、見る見る泣き顔になって、

『おかあさん、おかあさんがいいのー』と、やっと泣き出した。

やっぱりガマンしていたんだね」


（『親の時間』の感想ノートより抜粋）

4　子どもに説明して、お願いしてみよう

子どもに協力をお願いしてみる

子どもがかんしゃくを起こして、大騒ぎしたり、大泣きしたりしたら、日本の住宅事情を考えたとき、親は本当に大変になりますよね。たとえばアパートといった集合住宅に住んでいたら、隣近所の人たちがいったいどう思うか？　虐待していると思うんじゃないか？　と気になるのは当然です。夫の両親といっしょに住んでいたり、アパートの二階に住んでいたりしたら、話し声や子どもの歩く足音にさえ遠慮して、ハラハラするかもしれません。そんなときは、泣き声が漏れないように子どもといっしょに押入れに入ったり、お手洗いに行って泣くように、子どもにお願いしてみてください。子どもにこころからお願いすると、協力してくれる場合がたくさんあります。

たとえばこんなふうに。

「おかあさんは、あなたが泣くのを止めないで聞いてあげたいと思うけど、近所の人た

ちは、うるさいとか、やめなさいと言ってくるかもしれないから、いっぱい泣いてもいいから、口にクッションをあてて泣いてくれない？」「叫ぶ代わりに、クッションをたたいてみてもらえる？」

子どもが電車のなかで機嫌が悪くなったとき、

「電車のなかで泣いたらママが困ってしまうから、家に帰るまで泣くのを待ってくれる？　帰ったらかならず聞くからね」

私も電車で泣き出した梨々杏に、泣くのを待ってくれるようにお願いしたことがあります。梨々杏が四歳のとき、電車のなかで泣き出し、私自身がパニック状態になってしまったのです。というのは、おねえちゃんの愛鈴があかちゃんのとき、とてもシンドイ思いをしたことを思い出したからです。それで、家に帰ってから「電車のなかでは泣かないでほしい」と梨々杏にお願いしたのです。

「ママは梨々杏の話はすごく聞きたいんだけど、おねえちゃんのときつらいことがあったから、電車のなかで梨々杏が泣くと全然余裕がなくなって、聞けなくなるの。おうちに帰るまでガマンしてくれない？　その代わり帰ったら、かならず聞くから」

そうお願いしてから、梨々杏は電車のなかではぜったい泣かなくなりました。

でも、本当は、泣いている子どもを温かく受け止めてくれる社会になって、子どもに

「泣かないで」とお願いしなくてもよくなるといいなと思って、私はせっせと「親の時間」の方法を伝えています。

美紗さんはパートで働いているので、四歳のリサちゃんを保育園に預けています。リサちゃんは、毎朝保育園の玄関でおかあさんに「バイバイ」するとき、涙を浮かべて泣きたそうにしていますが、ガマンして泣きません。だから母親は、娘のガマンしている顔が気になって、仕事中も頭から離れません。「どうせなら泣いてくれたほうがずっと気がラク」と言っていました。美紗さんは「子どもにお願いしてみる」という方法を聞いて、自分も試してみることにしました。

「朝、保育園に一〇分ぐらい早めに連れて行くの。それでね、リサの目がウルウルしてきたら、お手洗いにつれていって、『ママは五分間時間があるから、泣いていいよ』と声をかけてあげることにしたの。ほかの子どもたちがいる前で泣くのは、以前『泣き虫』ってからかわれたことがあるから、本人もしたくないのよね。

そうすると、リサはかならず『ワーッ』って泣くの。時間が来たら、『ママ行かなくちゃならないからいい?』って聞くと、『うん』って答えて、プレイホールに出て遊び始める。

朝の一〇分はとても貴重な時間だけど、この一〇分をとってから私もリサのことを心配しなくなったから、一日がずっと充実してる」

リサちゃんは、数ヶ月後にはお手洗いに行って泣くより、お友だちと遊ぶほうが楽しくなって、おかあさんにも「行ってらっしゃい」と手を振り、プレイホールに行く日が多くなったそうです。

親の都合で無理なお願いをしない

でも、説明すると言っても、明らかに無理なことをお願いしてもダメです。たとえば、静かにして聞かなければならないコンサートにつれていって、二歳とか三歳の子に「二時間静かにしていてね」と言ってもそれは無理なお願いです。

長い間静かにしていなければならない場所だと説明したら、ほとんどの場合、子どもは行きたいとは言いません。それをわざわざおとなの都合で連れていって、静かにしていてというのは、無理なお願いだと思います。

子どもが行きたがるから、連れていったら、やはり途中であきてしまったということもありますが、とにかくおとなの都合を押しつけて、頼むのは、うまく行きません。

私はいつも出かけるときに、まず先に梨々杏に聞いてみます。

「ママは、ここに行きたいんだけど梨々杏はどうする？　いっしょに行きたいか、託児の人を探すから、その人といっしょにいるか」

いっしょに行くと言った場合には話しあいます。単に一方的にお願いする訳じゃなくて、聞きながら話しあいをします。こんなことを梨々杏がとても小さいときからやっています。行く場所の内容を説明して、静かにしている必要があることもきちんと話します。

でも間違えてはいけないことは、事情を話すときも、個人的事情を言わないことです。たとえば、預け先の義母のことをぐちったり、「おとうさんは、いつも忙しくて嫌だ」という悪口を言ったりするなどです。

あなたが機嫌が悪いときや、具合が悪いときなども、きちんと説明したら、子どもはわかってくれます。これは私もときどき子どもに言いますが、「いま、仕事に集中しなくちゃならないから、その質問に答えられない。話しかけないでちょうだい」など。

あと、気持ちに余裕のないときも、「電話して、ママの話を誰かにきいてもらったら、いっしょに遊べるようになるかもしれないから。あるいは、気分転換にお散歩した後に聞くからね」

いつもいつも、そんなふうに言っていたら、「エー、またー?」なんて言われてしまうかもしれませんが、案外子どもはあっさりわかってくれます。だって子どもだって怒られたくないし、そんな機嫌の悪い人の話なんて聞きたくないと思っていますから。

でも、本人が勉強をしたくないのに、なぜ勉強をしなければならないのかと「正しい」講義をして、勉強させようとしたり、家計をやりくりしてピアノを習わせているのだから、かならず練習するようにと言っても、無理なお願いだと思います。

その場合はまずは「勉強をしたくない」とか、「練習したくない」という気持ちを十分聞くことから始めたら、なぜ勉強したくないのか、ピアノの練習をしたくないのか、理由を話してくれると思います。「したくない」と言っているうちに、「する」場合もあります。

わが家は母子家庭ですから、子どもたちに家事や雪かきなど、いろいろお願いしてお手伝いしてもらっていました。「ママが帰ってくるまでに、部屋を片付けておいてくれる?」「今日はママとても忙しかったから、テレビの番組が終わったらお茶碗洗ってちょうだい」「ひとりで雪かきは淋しいからいっしょにやろう」というように。

そうすると、子どもたちの返事はいつも「イヤだ」です。でも、帰ってくると、部屋がキレイになっていたり、テレビを見終わったらお茶碗もしっかり洗ってくれたりするのです。雪かきも三人で楽しくやりました。

「イヤだって言ったから、本当にやってくれないんだと思っていた」と、言うと、「イヤだって、いっぱい言えるから、やれるようになるの。イヤだを本気にしないで」という言葉が返ってきました。わが家では、子どもの「イヤだ」は、「イエス」に限りなく近いのです。子どもの「イヤだ」を聞くのも、大切です。

説明してあげると子どもはちゃんとわかる

ほとんどの親は、子どもにきちんと説明して頼んだら、子どもは理解してくれることが、よくわかっていないと思います。

たとえば、おかあさんが子どもを置いてどこかに行かなければならないとき、よく親がやることは、子どもが気がつかないうちに、隠れて家を出ること。そんなことをされたら子どもはとても不安になってしまいます。子どもが気がつかないうちに出かける理由は、説明してもわからないだろうという固定観念みたいなものと、出かけなければならないことを先に話すと、子どもを傷つけてしまうという、気遣いだと思います。

実際、説明して「いまからおかあさんは行くよ。バイバイ」と出かけたら子どもは泣きます。「つれてって」と言って泣きます。この気持ちを、はじめに聞く必要があるのです。

大好きな親と別れて不安な気持ちになるのは、当然のことなのです。でも、おとなはそれを聞くことがつらいので、子どもが知らないうちに、こっそり出かけるのです。

知らないうちに出かけられて、なんの説明もなかったら、子どもは本当におびえてしまいます。また、いつ突然おかあさんがいなくなってしまうのだろうと、リラックスできなくなってしまうかもしれません。

小さな子どもを誰かに預けていくときは、子どもが泣いていても聞いてくれる人といっしょにいてもらったらもっと安心ですね。子どもといっしょにいてくれる人にも、ぜひ泣くことの大切さを教えてあげてください。そして、出かける前に説明して、子どもが泣くのを聞いてから出かけるほうが、残された子どもにとっても、子どものそばにいてくれる託児の人にとっても、結果的にはよりいい方法になるでしょう。

私は、梨々杏が三歳、愛鈴が三年生のときに、夫と別れましたので、子どもたちを、友だちに頼んで、仕事で日本中、ときどきは海外にも行きました。そのときはいつも、前もって、行くことを知らせてから出かけるので、一週間前ぐらいから、「ママ、行かないで！　淋しいよ」と、彼女たちが泣くのを聞くのが最初はとてもつらかったです。

まだ、ふたりが小さいとき、アメリカに行く仕事があって、あまりにもふたりが「行かないで」と泣くので、さすがの私もちょっとだけ罪悪感があって「行くのを止めたほうがいい？」と愛鈴に聞いてみました。そうしたら、あきれたような顔をして「ママ、愛鈴と梨々杏は、ただ行かないで、って不安な気持ちを聞いてほしいだけなの。ママのやりたいことを止めたいわけじゃないから、ママは、心配しないで、行かないでを聞いてて」と言われ、「なんて、かしこい！」と思ったことがあります。

いまでも、ふたりは、私と別れるとき、「ママ、大好き。かならず帰ってきてね。かならず電話してね」と、見送ってくれます。私も、「かならず帰ってくるからねー。大好きだよ」と言ってハグして、毎回感動的なお別れをしています。そして愛鈴が中学生のころまでは、私が行った後、ふたりとも私の友だちととても仲よく時間を過ごしていました。

子どもは自分なりに理解する

生後五ヶ月ぐらいのときから、おかあさんといっしょに「親の時間」に通ってきていたネネちゃんにも、いつもかならず「二時間待ってね」と、説明して、お願いしたら、二時間の長さを自分で計れるようになりました。

はじめて来たとき、ネネちゃんは大好きなおかあさんと、一分でも離れていたくないと言っているかのようにたくさん泣きました。ネネちゃんはあかちゃんのときは、泣き疲れて眠ってしまうのが常でしたが、一歳ぐらいになって、自分で動けるようになったら、来て少しだけ泣くと、スッキリした顔をして遊ぶようになりました。

ネネちゃんが歩けるようになって少したったころです。「親の時間」が終わってドアを開けたら、ネネちゃんが、コートを着て帰る用意をし、ドアの前に立っていました。後で託児担当の人に聞いたら、クラスの終わる一二時少し前になったら、着せてちょうだいというように、自分のコートを持ってきたのだそうです。コートを着たらそのままドアのところに行って、おかあさんが出てくるのを待っていたのです。

もちろん二歳にもなっていないネネちゃんは、時計が読めないので、はじめはただの偶然だと思っていました。でも、同じことが何度も続いた後に、子どもはおとなが説明した言葉をしっかり聞いていて、その意味を自分なりに解釈できるようになるんだと、確信しました。

Chapter 7 子どもともっと仲よくなるために

幼稚園（保育園）に子どもを迎えにいったおかあさん（おとうさん）をみつけたとき、たった数時間離れていただけなのに、一〇年以上も別れていた人に会うかのように、子どもはまっしぐらに、親をめがけて走っていきます。大好きな人にまた会えた嬉しさを、からだ全体で表現する、そんな子どもを見るたびに、私はいつも感動してしまいます。

子どもの気持ちはシンプルです。それは、ただあなたのことが大好きなので、また会えたことが本当に嬉しいのです。

この章では、子どもともっともっと仲よくなれる方法をいろいろ紹介していきたいと思います。

❶大好き！　って伝えあおう

子どものときは「おかあさん、おとうさん大好き」と、言葉や態度で愛情表現が自由にできた人も、おとなになると、自分の子どもに対してさえ「大好き」と言わなくなります。言葉で表現する代わりに、いろいろ身の回りの世話を焼いたり、物を買ってあげたり、お金をあげたりする親もいます。

でも子どもが本当にほしいのはあなたからの、「大好きだよ」という、こころのこもった愛情表現なのです。

「親は子どもが好きに決まっている」と言いますが、実際、いまおとなになってこれを読んでいるあなたは、自分の両親に愛されているという自信がありますか？　親に「大好きだよ」と言ってもらったことはありますか？　親に「私のこと好き？」と安心して聞けますか？　言葉でもきちんと伝えることが大事なのです。

言葉で伝えるのがむずかしいと思う人は、子どもの寝顔で練習してもいいかもしれません。不思議なことに、子どもの寝顔には素直に「ごめんね」とか「大好き」が言えるもので、そのうち起きているときにも伝えられるようになります。子どもに「大好きだよ」と言われるのを待つだけでなく、自分からも「大好きだよ」と伝えてください。

親は子どもに幸せになってほしいといつも思っています。そしてこころから子どもを愛しています。その証拠にもし、子どもが重い病気にかかったとき、何かの事情で離れなければならなくなったとき、あなたが望むことはなんですか？　きっと、どんな状況であっても、ただ生きていてほしいと願うと思います。あなたは、子どもをこころから大好きなのです。子どもに愛情を言葉で表現するのは、大切なことです。

あなたのことが大好きで、いまいっしょにいてくれる子どもの愛情を受け入れ、楽しんでください。大きく手を広げ、飛びついてくる子どもをしっかりと抱き止め、あなたも「大好きだよ」と伝えてください。

梨々杏が小さかったころ、ある日、突然聞かれました。

「なぜママは、梨々杏といっしょに住んでるの？」

親が子どもといっしょにいることは、当たり前だと思っていたので、この質問に私はなんと答えたらよいか一瞬とまどいましたが、

「ママは梨々杏のママだからよ。梨々杏はママがいなかったらごはんのこととか、出かけるときも困るでしょう？」

梨々杏は「うん」と答えましたが、なぜか私の答えに不満げなので、私も同じ質問をしてみました。

「それじゃ、梨々杏はなぜママといっしょに住んでるの？」

そしたら、梨々杏は嬉しそうに答えました。

「それはね、梨々杏はママが大好きだから、いっしょにいたいの」

私はこころのなかで〝うーん、さすがだなー〟と思いながら、付け加えました。

「ママだって、梨々杏が大好きだから、いっしょにいるのが嬉しいよ。ママのところに生まれてきてくれてありがとうね」

愛鈴が小学校一年生のときに書いてくれた手紙を、私はいまも大切に持っています。その当時、私は塾の講師をしていて、週二回は帰りが九時過ぎでした。愛鈴は夫とふたりで私を待っていましたが、眠くて待ちきれないときは、やっと書けるようになった字で、手紙を書き、テーブルの上に置いてくれました。ふだんは、「ママおやすみ。だいすき」とだけ書いてあるのですが、その日は「ママしんぱいしないでね。あいりんがいるからね」と書いてありました。

ふたり目の子どもを妊娠したのに、夫婦仲にむずかしい問題が持ち上がって、毎日がとても大変な時期でした。幼いながらそんな私を見ていて、一生懸命励まそうと思って書いてくれた、温かい手紙だったのです。

それからは、私も子どもに手紙を書くときは、かならず大好きをたくさん、たくさん書いています。私たち親子の手紙には、「大好き」があっちにもこっちにも、散りばめられています。

❷子どもは自分でかしこく考えている

自分を重ねて心配しなくて大丈夫

子どもが生まれたときからいっしょに暮らしていて、社会からは子どもに対し一〇〇パーセント責任を負わされている親は、「子どもは自分の分身」とか、「子どもは自分のもの」という錯覚におちいることがあります。

そのうえ、子どもといつもいっしょにいると、「私が子どものころは、こうだった」とか、「私のような思いは絶対させたくない」と、自分の子ども時代と重ねて子どもを見てしまいがちです。

いつも、潜在的に自分の子どものころを思い出しているので、ときどき子どもが、独自の意志を持つ人間だという意識が持てなくなってしまうことがあるのです。

たとえば、子どもが幼稚園でひとりぼっちで遊んでいたら、「私のように友だちができないんだ」、子どもがやりたいとも言っていないのに、「私が小さかったときにほしかったピアノをぜったい買って、子どもにピアノを習わせてあげる」などと、何かあるたびに、自分と比べたり、心配になったり、先回りして世話を焼いたりしてしまいがちです。

あなたが子どものころはどうでしたか？　あなたの親は、あなたに何かを無理強いしたり、「おまえのためにしつけしているんだ」と言って、あなたを叱ったりしませんでしたか？　あなたはそんなときどんなことを思いましたか？　「本当に私のことを考えているんだったら、自分の考えを押しつけないで！」と言いたくなったりしませんでしたか？

あなたが、両親とあなた自身を重ねてほしくなかったように、子どももあなたの子ども時代と重ねてほしくないと考えています。あなたが両親と違う人であるように、あなたと、子どもも違う人なのです。

子どもがほしいのは、心配や世話や押しつけではありません。ただ自分の気持ちを聞いてもらって、どんなことがあってもあなたが味方でいるという、確信と安心がほしいのです。

子どもはあなたとはまったく違う人生を生きています。自分で友だちをつくったり、自分でやりたいことをみつけたり、あなたの子どもはかしこく自分の人生を選んでいきます。先回りして判断したり、何かをしてあげたりするのはやめましょう。

そして子どもが困ったとき、助けを求めてきたときに、サポートしてあげてください。子どもの気持ちをまず聞いてあげましょう。あなたがいちいち先回りして手を出さなくても、子どもは自分で問題を解決していけます。

あなたの子どもは、あなたのような親がいて、なんてラッキーなんでしょう！

思い込みから自由になると楽しくなれる

美千代さんが「親の時間」に参加したとき、息子のショウ君は、幼稚園年長でした。子どもはいつも素直に言うことを聞いてくれるのですが、美代子さんはそのたびに何か居心地の悪さを感じていました。ほかの人に話を聞いてもらうなかで、美代子さんは、自分も小さいころ、親の言うとおりにしていて、それが楽しくなかったことを思い出しました。

「小さいころ、私は親の思いどおりに動くのが子どもの役目だと思っていたの。でも本当はすごく淋しかった。だけど、しょうがないっていつも自分に言い聞かせていたの」

美千代さんは、小さかったころの自分を思い出して、涙ぐみました。

「自分が親になってからは、子どもをいい方向へ導いてあげなくてはという責任感が重たくて、いつも先回りして世話を焼いたり、心配したりするから育児が楽しくなかった。それが居心地の悪さにつながっていたと思う」

美千代さんは、ショウ君とどうしたら楽しく遊んだり、話したりできるかと考え、まずは、ショウ君の話に耳を傾けることにしました。

「しつけなくちゃという気持ちから自分を解放したら、ショウが私とは違うひとりの人間なんだという、とても基本的なことがわかったの。

ショウは自分で考え、自分で決め、自分で行動する力を持っているのよね。本人の自主性に任せても大丈夫なんだということ。ショウ自身の力を信じられるようになってきた。

いまはね、変に心配しすぎることもなくなったし、もちろん先回ってショウの世話をすると、ショウが『それは僕ができる』って教えてくれるの」

また、真由子さんはいつも、

「子どもはいつか自分から離れていってしまう」と感じていました。

自分が父親を嫌っていたので、子どもは親を嫌いになっていくものだと思い込んでいたのです。

真由子さんは、たくさん「聞きあう」ことを重ねた後で、こんなふうに報告してくれました。

「私はいつも、自分の小さいころと、いま現在の娘と混同していたの。それから、自分自身が親になってしまったから、あの大嫌いな父親と同じになってしまうんじゃないかとこわかった。でも、父と私は全く違うのだと、はっきりわかってから、私は娘が愛せるようになったの。いまは娘も私のことが大好きだと感じられる」

③「そのままでいいよ」って認めてね

生まれてきてくれてありがとう

この世界に、同じ人は存在しません。女の子であっても、男の子であっても、障がいがあっても、なくても、大きくても、小さくても、どこに生まれても、それぞれが個性的で、それぞれが違う存在です。そしてそのままで、完全な人間であり、そのままですてきな存在なのです。

生まれたときに、すべての人がこんなふうに言ってもらえたらどうでしょう？

「生まれてきてくれてありがとう
みんな、あなたが生まれてくるのを待っていたよ。
ここは、あなたの場所だよ。
あなたは、そのままで価値があり、愛される存在だよ。
いっぱい愛され、抱っこされ、安心してね。
成長しながら、笑ったり、遊んだり、好きなことをして、
たくさん楽しんで、たくさんチャレンジしてね。
いろんな人と仲よくなれるよ。
この世界に生まれてくれて本当にありがとう」

（イギリスの『共生を目指す親たちの会』のパンフレットから。著者訳）

あなた自身を誰とも比べる必要がないように、子ども同士で比べる必要もありません。あなたも、あなたの子どもも、そのままで生まれたことを祝福され、そのままですてきな人なのです。

双子だってひとりひとりぜんぜんちがう

涼子さんは双子の子どもを持つおかあさんです。双子のふたりは、まったく違った個性を持っていました。男の子のカツシくんは、すごい泣き虫で、女の子のシオリちゃんはとても活動的です。男の子は強く、女の子はおとなしくなってほしいのに、ふたりは全然母親の言うことを聞いてくれません。涼子さんは、もうクタクタで、どうしたらいいかわからなくなってしまいました。

そして疲れ果てているときに「親の時間」に出会いました。涼子さんはそこで、「そのままでいいよ」と自分を受け止めてもらうことができたのです。そうしたら、子どもたちふたりがそのままですてきな個性を持っているんだと気がつきました。ふたりを変える努力をする必要はまったくないと、わかったのです。

それからは、ふたりを比べたりうるさく言われるところには、わざわざ子どもをつれていかないという対策もとれるようになりました。いまは涼子さんは「泣き虫のカツシも、腕白なシオリも、かわいいかわいい」といつも言っています。

ふたりが小学校の入学式を迎えたときの話です。

「シオリは、学校が始まるのが楽しみでワクワク。でも、カツシは、不安がって『学校には行かないで、おかあさんといっしょに家にいる』と半泣き状態。入学式の前の日が不安のピークで、カツシは泣き出しちゃったの。三〇分泣き続けたら、一言『ア〜スッキリした』って。

入学式の日は、元気なシオリと、いつもの普通のカツシで臨んだのね。

もし、以前の私だったら、三〇〇％も期待しているシオリには、『そんなに期待していたらがっかりするよ』と不安を伝え、カツシにはなんと言ったらよいかわからずオロオロしていたと思う。

いっぱい期待するシオリも、いっぱい泣けるカツシも大好き。これからもそんなふたりを見ていきたい」

④間違えたら、ごめんなさいって言おう

あやまれるおとなは子どもと仲よくなれる

子どもに対して、あやまれるおとなはとても少ないと思います。おとなの威厳が大切で、子どもにあやまったら威厳がそこなわれると思っているのだったら、いますぐ威厳は捨ててください。威厳を振りかざしていたら、子どもと仲よくなるのはむずかしいからです。

あなたが子どものとき、あなたにあやまったおとなはいましたか？　そのとき、どんな気持ちがしましたか？　その反対に、間違っているのにあやまることをせず、間違いを通し続けたおとなはいましたか？　あなたが子どもだったら、どっちのおとなと仲よくなりたいと思いますか？

間違いは、子どもでもおとなでも誰でもします。間違えたと気がついたら、相手を傷つけたと思ったら、あやまってください。そして修正してください。子どもに謝罪を強制する前に、おとなのあなたがモデルになって、それを子どもに見せてあげてくださ

い。

あるおかあさんは、子どものカオルちゃんが遊ぶときにいつもオマルを出してきて、おかあさんにオマルに座るように言うのを不思議に思っていました。

「なんでオマルなの」ときいたら、カオルちゃんは「嫌だった」と答えました。

「何が?」

「うんちが……」

それを聞いておかあさんは、子どものおむつをはずすときのことを思い出しました。おしっこはすんなりできるのに、うんちは、パンツでしてしまうので、嫌がる子どもに、しつこく迫ってしまったのです。そして、いまでもトイレのたびに子どもが悲しそうな顔をすること、外のトイレにはひとりで行けないことなど、これまで不思議に思っていたことがどうしてだったのかがやっとわかったのです。

「『ごめんね。本当にごめんね』素直に言ったの。こころからごめんねと、あやまる私に『もういいよ』と、カオルは言ってくれたの」

⑤命令口調はやめてね

「子どもが何も言ってくれない」「子どもが何を考えているのか全然わからない」という人もいると思います。

こんなとき、子どもとコミュニケーションをとるのに効果的なのは、命令口調で話すのをやめてみることです。

子どもたちに何かを教えるときや、何かをやってほしいとき、命令する必要はまったくありません。私たちおとなだって、誰かに威圧的に命令されたら、嫌な気持ちになるでしょう？　その人に自分の考えていることを正直に話そうなんて思えるはずがありませんよね。

「親の時間」でそのことをテーマにしたら、実際に試してみた人がいました。

「昨日から『〜しなさい』と、命令口調で言わないって、こころがけて子どもと接している。

一昨日までのことを振り返ってみると、『〜しなさい』が一日中続いていた。話しかけるというのではなく、一方的に私の口から言葉が出ていることに気がついた。

それは朝起きるときから始まっていて、『早く起きなさい』『ぐずぐずしないでこっちに来なさい』『ご飯をさっさと食べなさい』『こぼさないで食べなさい』『食器は片付けなさい』『早く顔を洗いなさい』『歯はちゃんと磨きなさい』と、えんえん。これが夜の『早く寝なさい』のときまで、私の口から飛び出していく。

こんな命令口調で、子どもに声をかけていたんだと気づいて、われながらびっくりした。本当に一方的だ。相手からの答えなんて望んではいない。言葉が返ってこようものなら、それは口答えでしかないと、私自身が思い込んでいる。まったく会話にならない。

こわい顔で命令する親に、子どもは自分の思っていることなんて、口に出して言えなくなるよね。言い返してまたさらに叱られたら、子どもは黙ることしかできなくなる。そう思ったから、命令口調で言わないように、気をつけてみた。そしたら不思議だけど、私のこころが軽くなった」

（『親の時間』の感想ノートより抜粋）

⑥子どもの好奇心を育てるために

脅かさないでね

好奇心いっぱいの小さな子どもたちは、新しいことをするのが大好きです。とっても楽しみで大はしゃぎします。

でも、親にとってはうるさくて、怒鳴ったり、必要のない心配をする場合があります。なかには、「そんなに楽しみにしていたら、雨が降るよ」とか「もしかしたらつまらないかもよ」などと、楽しみをこわすような脅かし方をする人もいます。

おとなはそれを些細なことと思っていますが、子どもにとっては脅かしなのです。子どもは脅かされると静かになるかもしれませんが、恐怖も取り込んでしまうのです。

真知子さんが五歳ぐらいのときでした。おかあさんが、「明日はおかあさんのお友だちの家に連れていってあげるね。その家には、女の子がふたりいてあなたと同じぐらいの年なのよ」と言いました。真知子さんは嬉しくて、大はしゃぎでした。

ところが、はしゃいでいる真知子さんに母親が言ったのです。「そこにはこわいおじさんがいるから、おとなしくしているのよ」。

次の日、真知子さんは不安な気持ちで母親と出かけました。その家で母親とおばさんがおしゃべりしている間も、じっと座ったまま母親のそばから離れませんでした。その家の子どもたちが、遊びに誘ってくれてもその場から動けませんでした。いつこわいおじさんが出てくるのか、とても心配だったのです。

それなのに、おかあさんは「あなたも遊びに行ってきたら？」と平気な顔をして言うのです。「こわいおじさん」のことを忘れてしまったのだろうかと思いながら、それを確かめることもできず、動くこともできなくてただひたすらじっと座っていました。

このことがあってから、真知子さんは出かけるのがおっくうになりました。新しい人に会うのがこわくて、楽しみでなくなってしまったのです。

「もしかすると、あれは母が私にお行儀よくいてほしくて言った脅かしだったのかもしれない。私も子どもがうるさいとき、『ピーポー、ピーポー（救急車かパトカー）が来るよ』と、意味もなく脅かしてしまうときがあることも思い出したわ。それにしても、そんな些細なことが、おとなになってこんなにも後を引くとは思わなかった。どんなに小さなことでも脅かすのはよくないね。私もやめなくちゃ」

Chapter 8

子どもと遊ぼう

一日二四時間を分で換算したら、一四四〇分になります。子育ては、一日中子どもといっしょにいることから始まりますが、その一四四〇分のうち、いったい一日何分間じっくり子どもの顔を見てそばにいられるのでしょう？

あなたは、どんなときに子どもの顔を見ますか？　洋服が汚れているとき、ズボンからシャツがはみ出ているとき、子どもを叱るときや、子どもに「見て、見て」と要求されるときに見ることはあっても、しみじみ「かわいいなあ」とゆっくり子どもの顔を見る時間は少ないですよね。

あかちゃんを抱っこして、おっぱいやミルクをあげながらも、時計が気になって、頭のなかは、「早く洗濯物を干さなくちゃ」とか「今晩のおかずは何にしよう？」と考えたりしていませんか?

私は母親向けの講座や、講演会があるとよくみんなに決まった宿題を出します。それは「一日三分間でいいから、ゆっくり座ってやさしい表情で、何も言わず子どもの顔を見てください」というものです。

恥ずかしそうにする子、喜ぶ子、「ネェ、なんで見てるの?」とたずねてくる子、「見ないでよ」という子もいるかもしれません。そのすべての子に共通しているのは、みんなあなたの温かい注目が嬉しくて、あなたともっと遊びたいと思っていることです。

❶子どもは遊びの専門家

子どもに遊びを教えてもらおう

遊びに関しては、絶対的に子どものほうが専門家です。おとなになると、子どものころのように時間を忘れて無心に遊ぶことができなくなってしまいますよね。無心に遊びをつくっていける子どもはやはり専門家なのです。

おとなは、子どもと遊んでアゲルと言いますが、専門家に向かってアゲルと言うのは、間違っていると思うのです。子どもは遊びの大切さを、おとなよりよく知っているし、遊びを通して、ほかの子と仲よくなったり、いろんなことを学んだりしています。私たちおとなも、本来の遊びの楽しさを子どもに教えてもらい、遊びを通して失ったものを取り戻していければいいなと、私は思っています。

子どもに任せればもっと楽しい

おとなが、「折り紙をしましょう。絵を描きましょう」と、子どもに提示して、何かをさせようとするのは、遊びではありません。

まずは、子どもに、「どんなふうに遊びたい？　何がしたい？　何をしようか？」と、たずねてみましょう。子どもは、最初とまどうかもしれませんが、結局は何かしたいことを自分でみつけます。もし、そばにあなたがいたら、あなたと接触を求め始めるでしょう。

あなたがおとなだからといって、「遊んであげなくちゃ」と、構える必要はまったくありません。子どもに任せておいたら、子どもが遊びをつくったり、提案したりしてくれて、やり方まで、全部教えてくれます。

お人形ごっこだったら、あなたにお人形をくれて、どんなふうに話して、どんな役をすればいいのか教えてくれますし、怪獣ごっこだったら、あなたに怪獣をくれて、その怪獣はどんなふうに鳴いて、どんなふうに戦ったらいいか教えてくれます。

遊びから子どものかしこさが見えてくる

私もハムタローごっことか、ポケットモンスターのカードゲームなどで、子どもと遊んだことがあるのですが、とにかく驚きました。

いろいろなキャラクターがいますが、子どもは自分の好きなキャラクターのことは、すぐ覚えてしまいます。もちろん遊び方から、話し方から、全部です。

幼稚園年中の女の子と、ハムタローで遊んだとき、何しろ彼女は、ハムタローに出てくる、キャラクターのすべての、名前、口調、話す内容をすべて暗記していて、私がひとりの役をこなすのにも必死なのに、ひとりで五役もこなして、声色もいろいろ変えて話すのです。私は、ただただ彼女の演技力に、魅了されてしまいました。

六歳の男の子と、ポケットモンスター・カードで遊んだときも驚きました。彼は字を読めないのに、カードの絵を見たら、そのカードの持っている力を理解できているのです。それが表だけではなく、裏まであって、変身したら、パワーがアップすることなど、ときどき英語まで使って説明し、点数や技の種類すべてを理解しているようなのです。あの何十枚とあるカードのすべてを暗記しているのですから、驚いてしまいます。その子は六歳で、「普通ならひらがなを読める年齢なのに」と、母親が心配していましたが、あんなにかしこい子どものいったいどこが心配だというのでしょう?

私は、遊ぶたびに、子どもたちのかしこさに圧倒されてしまいます。

②子どもにリーダーシップを渡してみよう

子どもと遊ぶ「特別な時間」をとってみよう

遊んでもらっているのがおとなだとわかったら、子どもに主導権を渡して遊ぶこともためしてみてください。多分、食事の支度や仕事など、気になるものがたくさんあるでしょうが、主導権を渡して遊ぶと決心したら、ほかのことは一切後回しにすると、決めてください。

もし、時間が気になる場合は三〇分とか、一時間とか、前もって時間を設定してみるのもいいかもしれません。もちろん最初は五分でも一〇分でもOKです。時間は親が決めても、何をして遊ぶかを決めるのは子どもです。

それが親にとってどんなにイヤなことでも、この時間内に起こることについては、ぜったいに子どもを叱ったりしないでください。子どもが何も非難されずに遊ぶ「特別な時間」をつくってほしいのです。

そんな遊びの時間を、「親の時間」では、「子どもとスペシャルタイムをとる」、あるいは「ボスの時間」と呼んでいます。子どもによっては、「ママがエプロンをはずして遊ぶ時間」とか、「仲よし時間」あるいは「タイムサービス」と、独自の名前をつけて呼ぶこともあります。

このおとなが管理している社会では、子どもが主導権をとることなんて、まったくありません。おとなが常に主導権を握り、威張っていることに、子どもは本当は苦しんでいます。

でも、子どもに主導権を渡して遊ぶという時間があると、子どもは、押さえ込まれた自分の意見を言えるようになっていきます。

少なくとも、自分と遊ぶおとなが、どんなに自分を愛してくれて、大切に思ってくれているか、信頼してくれているかが感じられるようになりますから、安心していろいろなことを話してくれるようになるのです。

親は毎日忙しいのに、そのうえ、子どもに一〇〇パーセント注目して、主導権まで渡して遊ぶなんて、そんなことできないと、思うかもしれません。

でも、実際やってみると、いっぱい笑えて楽しいし、信頼関係も安心も深まるし、子どもはなんでも話してくれるようになります。親子関係が目を見張るほど、よくなります。駄々をこねてわざと親を困らせたり、自分より弱い子をいじめるということが、なくなっていきます。そして、それが、ずっと続きます。それは、女の子であっても男の子であってもまったく変わりありません。

一〇〇%、子どもを信じて、大好きでいてくれるおとなが、たったひとりでもそばにいるのは、子どもにとって大きな力です。子どもに主導権を渡して遊ぶこの方法は、おとなと子どもが信頼関係をつくる基礎となるのです。

子どもを甘やかすことにならないの?

「子どもに主導権を渡すなんて、甘やかすことになるんじゃないか」と、心配していた親もいました。でも、親が先回りして面倒を見てあげたり、将来のことを心配したり、子どもができるのに、それをしてあげるのが「甘やかし」です。

子どもに主導権を渡すということは、それとはまったく反対のことです。子どもが自分で何が必要かを判断し、誰かに協力を求めたりしながら、自分の目的を達成していくという自主性を伸ばす練習になるのです。

そして、子どもに主導権を渡して遊ぶことは、子どもを信頼していること、子どもを愛していることを示すことでもあります。

いつも「あなたが大好きよ」と、愛情をたくさん伝えて、それを遊びのなかで見せていくことは、子どもにとってもおとなにとっても、とても大事なことなのです。


清子さんの息子のシンジ君は、人生ゲームが大好きです。清子さんが「遊ぼう」と、声をかけると、いつも遊びは、人生ゲーム。最初は、清子さんにルールを読んでもらいながらやっていましたが、そのうちシンジ君は、独自のルールをつくり出しました。

たとえば、「ぼくとママは、大好き同士だから、仕返しのルールはやめよう」とか、「お金が少なくなったら、罰金一万円は、賞金一万円に変える」など。

「シンジの新しいルールに最初はとまどってしまったの。私はおとなだから、どうしても既存のルールに従って遊ばなくちゃと、思ってしまうわけ。でも、主導権はシンジにあるのだから、シンジに従わなくちゃならないのよね。

そんなふうに遊んでいたら、気がついたの。シンジの考えたルールのほうが、人間の生き方を本当によく考えていて、思いやりに満ちているわけ。遊びながら、シンジが首相だったら、すばらしい国ができるだろうなと考えて、次の新しいルールは何になるんだろうって、子どもの考えの柔軟さに、驚いたり、楽しみだったりするよ。

私は子ども時代、親と遊んだ記憶がないから、正直言って、ときどきどうしたらよいかわからなくなる。でもね、そんなときは、シンジが教えてくれる。シンジと遊びながら、私の子ども時代も取り戻している感じ。それと、子どもとこんなふうに遊べる親になった自分もスゴイ！　と思う」

子どもが遊びを通じて伝えたいこと

マサキ君がスペシャルタイムでいつもおかあさんと遊ぶのは、ファミコンです。ところが、おかあさんはファミコンが大嫌い。マサキ君はそれを知っていて、わざと「ファミコンで遊ぼう」と言うのです。なぜかというと、ファミコンはマサキ君のほうが圧倒的に得意だから。それで「おかあさん、へたくそ。それもできないの？　おかあさんのせいで負けちゃった。おかあさんはのろま」と、散々おかあさんの悪口を言うのです。「スペシャルタイム」は子どもを叱らない時間なのだから、それにただただジッと耐えていたおかあさんですが、その後「親の時間」の人に電話で話を聞いてもらって気がつきました。

「同じ口調で、同じことを私も息子に言っていたの。マサキはそれがイヤだって、ゲームをしながら私に伝えたかったのね」

五歳のリサちゃんのなりたい職業は、映画監督です。だから、おかあさんと（ときどきはおとうさんもいっしょに）遊ぶときは、いつも映画ごっこ。脚本も全部自分で書いて、おかあさんの役も、おとうさんの役も決めて、監督自ら主役もやるというリサちゃんが大活躍の映画です。

問題は、リサちゃんの書いた台本を、俳優たちが読めないこと（おとなから見ると台本は×と、○とミミズの羅列だから）。でも「監督はやはり役づくりが上手だから、まずお手本を見せてください」と監督を持ち上げながら言うと、リサちゃんは読み上げてくれます。そして、得意げにスラスラ読む台詞を、おとなは一字一句漏らさず必死で暗記します。

リサちゃんの好きな映画は、『オズの魔法使い』。リサちゃんがドロシー役で、おかあさんの役は、ときどきはたたかれるライオンだったり、かかしだったりします。そして、毎回、「ホントにあなたは、何をやってもダメね」と言われます。おかあさんは何しろ台本通りに演じる必要があるから、逆らうことはできません。

でも、リサちゃんは本当にかしこい方法を使ったのです。おかあさんはリサちゃんが親から、言われたり、たたかれたりしたことを、その劇を使って、全部繰り返していることに気づきました。リサちゃんはこの方法で、そのときつらかった気持ちをすべて吐き出していたのです。

あれから五年過ぎて、リサちゃんはいま小学校三年生。ふたりはますます仲よしで、先日もおかあさんの誕生日にリサちゃんが「どんなにママを大切に思っているか」の手紙をくれて、おかあさんは、それを「親の時間」の「いいこと探し」の時間に泣きながら読んでくれました。

リサちゃんは、おかあさんになんでも話してくれます。この間も、子どもたちだけでつくった、おとなにはぜったい教えない秘密基地を、おかあさんには特別にこっそり教えてあげると言って、連れていってくれたそうです。

うまく遊べなくても大丈夫

子どもと遊びたいと思うんだけど、どうしても眠たくなってしまうという親も数人いました。たとえば「神経衰弱」をしていて、カードを裏返すと眠くて、覚えるどころか、まったく遊べなくなってしまったり、子どもからお人形を持たされたとたん、頭が真っ白になって眠くなったりしてしまうのです。

これにももちろん理由があります。その人たちに共通していたのは、自分の親と遊んだ経験が一度もなくて、気持ちは遊ぼうと思っても、からだが拒否してしまい、無理して遊ぼうと思うと眠ってしまうことです。きっと眠ることで、嫌なことから逃避しようとする行動パターンを身に付けてしまったのでしょう。

もちろん、子どものときは、遊ぶのが嫌だったのではなく、無理やり何かをさせられたことが嫌で、眠くなってしまったのだと思います。

だから、五分とか、一〇分などと短く時間を設定して、頑張って子どもにつきあって、その後、ぐっすり昼寝をすると、決めている親もいました。おもしろいでしょう？

いろいろな親と子どもがいるから、いろいろな方法があります。子どものために何かをしてあげなくちゃと、がんじがらめになる必要はありません。あなたらしい方法で、子どもに教えてもらって、楽しく遊んでください。

③子どもに負けてみると楽しい

おとなが負けると子どもは喜ぶ

小さな子どもは、いろいろなことがうまくできません。字が読めないし、ゲームのルールを覚えるのも大変なので、おとなに勝つのはとてもむずかしいことです。子どもから見たらおとなとは、なんでもできて、失敗をしない人に見えるわけですから、たまにおとなが失敗したり、子どもに負けたりすると、子どもは喜んで、大笑いするのです。

子どもと遊んでいるとき、おとなが走ってつまずいたり、ちょっと子どもに押されて、バタッと倒れたりしたら、子どもはケラケラ笑って、大喜びします。泣くことと同じように、笑うことも大切なことですから、子どもと遊ぶときは、俳優になったつもりで、少しオーバーに演技してみてください。

そして、ゲームをするときには、とにかくオーバーに負けてみてください。子どもは、おとなが勝つと思っているし、実際小さい子どもとゲームをしたらおとなが必ず勝ちますよね。でも、子どもも勝ちたいのです。とくにおとなに勝ちたいと、いつも思っていをます。なぜなら自分が強いと感じて、自信を持ちたいからです。自分もいろいろなことを知っているかしこい人間だと、信じていたいのです。

わざと負けてくれたと、子どもが気づくかどうかは大きな問題ではありません。子どもが十分に力を発揮できる場が遊びですから、おとなとゲームをして勝つことは、子どもにとって最高に嬉しいことであり、自信を持ち続けていくことにつながるのです。

勝たせてもらうと誰だってうれしい

典子さんが子どもと遊んでいて、いつもうまくできないのは、楽しく「負けること」でした。「わざと負けてあげたり、わざと失敗するなんて、子どもにとってとても侮辱的態度だと思う。私はぜったい、わざと、負けられない。なんで、そんなことしなきゃいけないの？　子どもをバカにしているみたい」。

典子さんは「子どもとスペシャルタイムを取るクラス」（次の節を参照）に参加してい

たので、私は「相手の人にわざと負けてもらってごらん」と、提案してみました。典子さんは実際にそれを試してみました。

「今日、はじめてわかった。たとえ〝勝たせてもらった〟とわかっても、勝てるのは嬉しいんだね。何をやっても勝てると、自信さえ感じたよ。なんでもできるような気さえしてきた。

それにね、私のために負けてくれたんだって、相手の愛情も感じたの。私は子どものころ、こんなふうに勝たせてもらった経験がなかったからわからなかったけど、今日知ることができてつくづくよかったと思う。今度子どもと遊ぶときは、どんなふうに負けてみようかなと、楽しみなんだ」

典子さんは実際に自分の子どもとゲームをするときは、子どもに勝たせてあげるようになりました。

典子さんの娘は、その後自分のことを「ゲームの達人」と呼ぶそうです。

勝つことで自信を取り戻す

ユウちゃんは、小学校二年生ですが、からだが小さくて小学生には見えません。並ぶときもいつも一番前です。幼稚園でも学校でも、からだが小さいので何をやっても負けることばかり。そんなユウちゃんは、おかあさんと遊ぶのが大好きです。だって、おかあさんと遊ぶときはかならず勝てると知っているから。お相撲したら、かならず押されておかあさんはころんでしまうので、ユウちゃんは大喜びです。

そんなふうにおかあさんと遊んで勝つことで、ユウちゃんは学校で負けて失いかけた自信を取り戻しているのです。もちろん、勝つことが大切だというのではありません。自分の力を信じることが、大切なのです。とくに男の子は、強くなることをたくさん要求されますから、勝つことが強さだと、混乱させられてしまいがちですが、女の子であっても、男の子であっても、自信を持ち続けることが、大切なのです。

ユウちゃんのおかあさんが話してくれました。

「もし、子どもに主導権を渡して遊ぶことを知らなければ、『男の子だから強くなれ』と要求して、かえってわざと負けるなんてできなかったと思う。私が息子に投げ飛ばされたりするのは、彼自身の力を信じてほしいからなの。こころから応援しているからなの」

④おとな同士で遊びの練習をしてみよう

子どものころは、誰もがいろいろな遊びをしていたと思いますが、おとなになるとどんな遊びをしていたのか思い出せなくなったり、どんなふうに子どもと遊んだらいいかわからなくなったりします。でも、遊びは、おとなにとっても大切なものです。

「親の時間」では、「子どもとスペシャルタイムを取るクラス」があります。子どもと一対一で、子どもに一〇〇パーセント注目し、子どもに主導権を渡して遊ぶ方法がスペシャルタイムなのですが、私たちは子どものころ、このような時間をとった経験がありません。だから、そんなふうに子どもと遊ぶのは、とてもむずかしいのです。

このクラスでは、実際に、ひとりが子ども役になり、もうひとりがおとな役をして、おとな同士で遊びの時間をつくります。実際に遊ぶことで、子ども時代をより鮮明に思い出すことができるし、遊びの楽しさも取り戻していけるのです。

「おとな役の人に『遊ぼう』と言われても何をしたらいいかわからなかったので、抱っこしてもらうところから始めた。

『抱っこして』と言う前から涙があふれ出た。

子ども時代、『ひとりっ子だもん、なんでも言うこときいてもらえるんでしょ?』とよく言われた。他人のその言葉に対抗するかのように、私は自分のこころを閉ざしていた。何も思っていないフリをしていた。『抱っこして』なんて、ぜったい言ってはならない言葉だった。

『サッチは、まだ甘えん坊なんだな』そんなひやかしの言葉が大嫌いだった。『いいでしょ』と反論もできず、『バカにするな!』と、怒ることもできなかった。言い返したい言葉が胸にいっぱいたまって、歯を食いしばって、にらみつけながら、泣いたこともある。

『親の時間』で、抱っこしてもらったら、いろいろ思い出した。抱っこしてくれた人に安心して、指でおでこをつっついてみた。ほっぺもつっついてみた。こんなふうに遊びたかったんだって、思い出した。

そして、子どものころの私を取り戻したら、いま私の言うことに抗議して、暴れまくって泣くわが子の気持ちがよーくわかるようになってきた。小さな肩、手、すべてが愛しい」

(『親の時間』の感想ノートより抜粋)

Chapter 9

親は社会を変えられる

親同士で認めあおう

私は、親が完全に自分たちを肯定できたら、結果的には社会が変わっていくと思っています。

親同士がお互いに聞きあう方法を通し、助けあえたら、子どもを育てるということがどれだけ大切な仕事か、ほかの人に伝えることができるようになるでしょう。そして、社会から助けを得ていくことができるようになります。社会が本当の意味で子どもを育てるという仕事を大事にできるようになったら、どんなにすばらしいでしょう。

親たちの気持ちがラクになれば、無理することなく子どもを抱っこして、子どもの話にも、泣くことにもつきあえるようになります。自然に子どもと楽しく遊ぶこともできるようになるでしょう。私たち親も小さかったころ、どんなにそんな温かい時間を望んでいたことでしょう。

親同士で気持ちを聞きあい、イライラを子どもにぶつけなくなることで、子どもに不必要な、間違ったこころの傷を与えなくてすむようになります。孤立感や、自己否定など、あなた自身も苦しんできたかもしれないこころの傷の伝染を、あなたの代で止めることができるのです。

子どもが生まれたときのまま、自分を肯定できて大好きでいられたら、それだけで、子どもはほかの人たちと仲よくなって、助けあって生きていけるでしょう。そうしたら、きっといろいろな社会問題がなくなると思いませんか?

もちろん、子どもの未来をサポートし続けたいと思っている、私たちおとなにも、同じだけ可能性があります。

おかあさんのリーダーシップが家族関係を変える

とりわけ、おかあさんのリーダーシップが家族関係を変えていったケースを、私はたくさん見てきました。

祥子さんは泣くことの大切さを実感し、子どもたちが泣くのを止めずに聞けるようになりました。ある日、それを夫の前で実践したところ、彼はものすごい剣幕で怒り始めたのです。泣いた子が男の子だったので、とくに腹がたったのでしょう。「男のくせにみっともない」「男だろ、泣くな」そんなふうに夫が止めるので、せっかく祥子さんが子どもに向かいあおうとしても、うまくいきません。

「なぜ夫はこんなにまで、子どもが泣くのを否定するのか、まず夫の話を聞いてみよう」と祥子さんは思いました。そこでやっと聞き出した内容から、彼は長男として生まれ、いつもしっかりしていなければならなかったこと、小さいころから泣くことは男のすることじゃないと言われてきたことがわかりました。

私の夫だった人も祥子さんの夫と似ていて、子どもが泣いていると、いつも「泣かせるな」と、すごく怒ったものです。一度、彼に、子どもが泣いているとどんな気持ちになるのかたずねたことがありました。彼が話してくれた内容は、実際彼が覚えていたわけではなく、彼の母親から聞いた話なのだそうです。

「おまえは小さいときよく泣く子でね。その当時家は貧しくて、おじさん、おばさんもいっしょに住んでいて、そのうえ、まだ一歳のおまえのおねえちゃんもいたから、いつも家は、騒がしかったんだよ。そのうえ、あかちゃんのおまえは何をやっても、泣きやまないから、男の子だったということもあるだろうけど、おとうさんはそれが耐えられなくて、ある日泣いているあかちゃんのおまえの両足をつかんで、逆さづりにし、水の入ったバケツにつっこんだんだよ」

それを聞いたとき、私はかなりのショックで、後が聞けなくなったのを覚えています。でも彼も、涙を浮かべながら話してくれたので、それからは、娘が泣き出したら、私もなるだけ、彼のいないところで聞くようにしました。だって、娘が泣くたびに、彼は命の危険にさらされたあかちゃんのころを思い出すなんて、あまりにも苛酷だと思ったからです。

話を祥子さんに戻しますが、夫の話を時間をかけて聞いたそうです。聞いた後に「泣くことはとっても大切なんだよ」と伝え、「でも、あなたが聞けないんだったら、席をはずしてほしい。本当に私に任せて。あなたは、どっかに行って時間をつぶしてきて」

と提案し、話しあいをしました。結果的に彼は、ぜったい泣くことを止めないと約束してくれたそうです。相変わらず子どもが泣くのは気になるようですが、いまは「泣くな」と、ひとことも言わないそうです。

もちろんこれはすぐできたわけではなく、祥子さんが時間をかけて一生懸命伝えたからできたのだと思います。祥子さんは本当に一生懸命彼にかかわっていました。彼のことを大好きなんだと思います。

夫との話しあいもプラスに

まどかさんは「親の時間」に参加する前は、「父親は家族のために働くべきだし、それが当然」と思っていました。だから、夫がつらそうに働いているようすに、少し気がついてはいましたが、声をかけて理由を聞くなんて考えてもみませんでした。

でも、自分の話をほかの母親に聞いてもらえるようになってから、気持ちに余裕ができたある日、会社から帰ってきてふさぎ込んでいる彼に、思い切って「会社で何かあったの？」と聞いてみたのです。

「夫は、仕事でとても行きづまっていると、あっさり打ち明けてくれました。でも、俺が働かなかったら家族が大変になってしまうから、仕事は続けていくから心配するな、と言うの」

まどかさんは、夫が仕事に関して本当はどうしたいか、彼自身で決定する必要があると判断し、再評価カウンセリングを受けることをすすめてみました。夫もそのことに同意して、彼は真剣に自分のことに向きあってみました。

「俺は、親が決めた職業について、結婚してからは男として家族を養わねばならないと思って生きてきた。でも、本当はこの仕事が嫌でたまらなかったんだ」と、まどかさんに伝えてくれました。

ふたりはカウンセリングと同時進行で、話しあいもしました。その結果、彼は思いきって仕事を辞めることにしました。彼がやりたい仕事をみつけるまで、ふたりでためてきたお金で生活していけることになったのです。

以前だったら、祥子さんは貯金があっても、子どももまだ小さいし（四歳と、小学校二年生）、定期的に決まったお金が入らなければ、たいへんなことになるんじゃないかと、とても不安になったものです。でも、夫がつらい思いで仕事をしていて、家族のために自分を犠牲にしているのを、生の声として聞いたら、そうまでして仕事をする必要がまったくないと思い、「辞めるのは、正しい決断だと思うよ」と、同意できたのです。

妻が、背中を押してくれることで、彼もやっと決心がついたのです。

彼は「もう一回何かやりたい仕事を探し直す」とアルバイトをしながら仕事を探し、いまは臨時職員として、郵便屋さんをやっています。

仕事をしていないとき、彼が「親の時間」の集まりに子どもといっしょに迎えにきてくれたことがあります。そのときも「今日は子どもが風邪をひいて幼稚園を休んでるんだけど、ホント夫がうちにいるっていいわ。子どもが熱を出しても『親の時間』を休む必要がないし」と、まどかさんは、明るく話していました。


夫の両親といっしょの家に住んでいる奈美子さんは、以前は夫の母親、つまりお姑さんが大嫌いでした。なぜかというと、いっしょに住み出して、あまりにも義母にがっかりしてしまったからです。いっしょに住む前は「お義母さんと住んだら、いろんなことを話して相談にのってもらうけど、生活場所は、一階と二階と違うのだから、プライバシーは大切にしよう」と奈美子さんには、いろいろプランがありました。

住み始めてからわかったのですが、お姑さんのほうにもプランがあったようで、それは、「嫁にはいろいろ教えてやらなきゃならない。そのためには、一階と二階の生活空間を飛び越えて、しょっちゅう顔を出す」というものだったのです。

義母は、声もかけずに勝手に二階に上がってきては、奈美子さんにいろいろ指示したり、孫のことについても口出ししたりしてきます。その家は、夫の両親が建てた家だということもあって、奈美子さんとしてはどうしても遠慮があるし、はるかに年上の義母には何も言えなくなってしまいました。そのうち、義母のことがだんだん大嫌いになって、顔も見たくないほどになってしまったのです。

奈美子さんが「親の時間」で気づいたのは、奈美子さん自身の考えを、お姑さんにまったく伝えてこなかったことと、義母がいろいろ奈美子さんにアドバイスしてくるのは、彼女のことを嫌っていたり、責めているからなのではなく、「嫁だから、年下だから、教えてあげなければならない」と、思っているからということでした。

「それなら、私は私でよく考えているから、アドバイスはいらないって、お義母さんに伝えられればいいわけだよね。でも、いざ言うとなったら、感情的になって、けんかになるんじゃないかって心配になったの。そこで、私は夫に頼むことにした」

奈美子さんの夫も再評価カウンセリングを受講していたので、私も彼をよく知っているのですが、とても温和な男性なので、奈美子さんが夫を仲介に選んだのは、かしこい方法でした。奈美子さんは夫にこんなふうに頼んでみました。

「私は、お義母さんと仲よくなりたいの。でも、私が話したら、お義母さんは傷ついてしまうかもしれないし、ふたりとも感情的になってしまうかもしれないでしょう？　私はお義母さんとけんかは、ぜったいしたくないの。あなたは、とてもやさしく話せる人だから、勝手に二階に上がってこないことと、私の子育てにはアドバイスはいらないことをうまく話してくれる？」

夫は、自分の妻と、母親にけんかなんかしてほしくないし、もちろん仲よしになってほしいと思っているので、とても上手に伝えてくれて、いまは、お姑さんは一切彼女にアドバイスしてこないし、勝手に二階に上がってくることもないそうです。

「だからといって、私の生き方を認めたってわけではないけれど、少なくとも、私の言い分を認めてくれて、それに従ってくれるということは、私たちといっしょに住みたいんだなということがわかったの。最近は、下で物音がしないと淋しいなって思うぐらいになったのよ」

自分自身の人生を生きる

里美さんは子どもがひとりっ子です。何気ない他人の「ひとりっ子じゃ淋しいわよね」の言葉にも影響されて、二番目をつくらなくてはと、あせっていました。里美さんも、結婚したとき、子どもは二、三人産もうと決心していましたし、それが母親になった自分がしなければならないこととまで思っていたのです。ところが、検査の結果、ふたり目は産めないことがわかりました。とてもショックでした。子どもをふたり、三人とつれている人を見ると、羨ましくてしょうがありません。

そのうち、ほかの母親と話をするのが億劫になり、たったひとりの娘にぐちったり、怒ったりしている自分も嫌いになっていきました。そんなとき、里美さんは「親の時間」に出会いました。そして長い時間がかかりましたが、「私が本当にやりたいことは何だろう?」「私は何をするのが好きなのかしら?」と考え始めたのです。

それは、子どもをふたりや三人生むことではありませんでした。里美さんは「一日三食パンを食べても飽きないぐらいパンが大好き」ということに気がついたのです。すぐにパン教室を探し、習い始めて、彼女自らパン教室講師の資格もとりました。いまは、自宅でパンづくりを教えています。

里美さんは目をキラキラさせながら言いました。

「自営業ってのは、自分がリーダーシップをとっていることでしょ? 私の人生のなかでそんなこと、一回も考えたこともなかった。私はね、以前は玄関の呼び鈴がピンポンって鳴っただけでも、ドキドキしていたの。ほかの人がこわかったんだ。それがね、生徒さんを家に集めて、自分の家でパン教室までできるようになるんだもの。すごいと思わない？　最近はね、もっと生徒を集めようとも思っているんだ」

ビーズづくりを始めたのはれいちゃんです。子どもの学校で母親対象の「ビーズづくり講習会」を受講したら、とても楽しくて、家に帰ってもいろいろつくっていたところ、ある喫茶店で展示することになりました。

「以前の私なら、自信がなくてそんなことできなかったと思うの。私は子どもが三人いるしとか、ちゃんとした訓練も受けていないし、と理由をつけてね。でもね、いまは違うの。いまはなんでもできるって思えるの。誰にでもチャンスはかならずあって、夢を追い求めていったら、かならずつかむことができるんだって思う。だから、全然こわくなかった」

その自信が、彼女の態度にもあらわれたのでしょう、それから講習の依頼も受けました。

れいちゃんは、札幌以外の場所で、はじめて「親の時間」を始めた人なのです。

れいちゃんも以前は、自分がリーダーシップをとることは考えたこともない母親でした。でも、遠くから「親の時間」の集まりに通うおかあさんたちを見て、自分の地域でも「親の時間」ができないだろうかと、真剣に考えたのです。幸い近所に「親の時間」のメンバーがいましたので、協力してもらって「親の時間」の集まりを始めました。その会も始まって一年半以上たちます。メンバーたちは、れいちゃんを中心に、お互いとてもすてきな関係を築いています。

ほかの子どもたちとかかわる

自分が「親の時間」に参加したことから始まって、ほかの親のサポートを始めたり、地域の子どもたちにかかわりを広げている人たちもたくさんいます。

綾子さんは小学校二年生の息子のクラスに行って、月に一回「キラキラタイム」と名づけたクラスを教えています。彼女はまず息子のクラスの担任とたくさん話して、一ヶ月に一度クラスで教える許可をとり、絵本の読み聞かせをすることから始めました。そのクラスで、本を読みながら、「泣いてもいいよ」「生まれてきてありがとう」「あなたはそのままで、すてきだよ」と、子どもたちに伝えています。

クラスのなかで「あかちゃんごっこ」をして遊んだり、「どんな気持ちなの?」と、ひとりひとりに、かならず声をかけていきます。子どもたちといっしょに、ときどきは涙、涙、ときには、大笑いして、とてもすてきな時間を過ごしています。

「ある子がね、一番よかったことは、『キラキラタイム』と、思い出の文集に書いてくれて、嬉しかったよー」

ほかの親もサポートできる

千秋さんが私の講演会を聞きにきたときの印象を私はよく覚えています。千秋さんは私の話を熱心に聞いてくれて、講演会が終わった後、すぐに私のところにきて、言いました。「あなたのようになりたいけど、私はなれますか？」私は、もちろん即答しました。

「なれるよ」

「それじゃ、どうしたらなれるか教えてください」

そんなふうに、真っ直ぐ聞いてくれたことが、私はとても嬉しかったのです。

千秋さんはその後、すぐに「親の時間」に参加し始めました。

「考え方や、やることがあまりにもちがって、もう離婚しか考えられない」と言ってい

た夫とも真剣に向きあって、いまは彼と話しあいながら、信頼関係をつくり直していま
す。以前は子どもに、「ママ、死んじゃうから、ビール飲まないで」と言われたほどたくさんお酒を飲んで、気持ちをごまかしていたのが、いまではお酒を飲む代わりに「聞きあう」ことを使って、からだもどんどん健康になっています。

そして千秋さんは現在、「親の時間」の託児をやりながら、札幌市企画の「子育て支援グループ」でも託児を始めました。子どもと遊んでいるのがすごく楽しいと言っていて、子どもだけでなくほかの親からも絶大な信頼を寄せられています。

智美さんは、「親の時間」の託児のリーダーシップを受け持ってくれています。私が「親の時間」を始めたときは、人集め、場所とりに加えて、託児の手配をするのがとても大変でした。ほとんどボランティアで託児を引き受けてもらわなければならないうえに、前述のように「親の時間」の託児はほかの託児方法と違うので、その説明もしなければならなかったからです。そして、託児手配をしたのに、当の子どもが病気で来られないときも何度もありました。

もちろん、いろいろな人たちの協力があって、現在の形になったのですが、智美さんは現在、託児の手配、当番決め、キャンセルの連絡受けなど、自ら中心になって託児を

引き受けてくれています。この本の、託児の部分も彼女のアドバイスを受けながら書きました。子どもの学校でのＰＴＡの活動を含め、いまは親たちのすばらしいサポーターとして活躍しています。

もうひとり、「親の時間」のリーダーシップをとっているのはみっちゃんです。私がちょうどみっちゃんに「親の時間」のリーダーになってもらいたいと思ったときに、ふたり目を妊娠して双子を出産しました。一時「親の時間」にも来られなくなりましたが、しばらくして、「戻りたい」と連絡をしてきました。

そして、双子のあかちゃんが、一歳のときに「親の時間」の集まりに戻ってきたのです。「あかちゃんたち、どうしているの？」とたずねたら、あっさりと、「夫と、私の両親に交替で見てもらってる。『親の時間』の人たちに、双子を育てることや、自分の両親に助けを求める大変さを聞いてもらい、周りの人たちに、私の考えを伝えながらやっていきたいの」と答えてくれました。

彼女は、助けを求めながらも、まったく卑屈になることなく、自分の時間を確保しようと思ったのです。それが、自分のためにいちばん大切なことだと、わかっていたからです。

その後、彼女に、「親の時間」のリーダーシップをとってほしいと頼んだら、あっさり「やるよ」と言ってくれました。夫の転職を機に、彼女も仕事をしなければならなくなったときも、「親の時間」はやめたくないという確固たる意思を持っていて、いつも「親の時間」を優先して仕事を探してくれました。

「私にとって『親の時間』って、すごく必要なところだったし、感謝しているから、ほかのおかあさんたちにこれをお返ししたいの。私が、ここでこうやって教えることで少しでも誰かの役に立つんだったら、わこといっしょにやっていきたいの」と涙を浮かべて話してくれたときには、嬉しくて私も泣いてしまいました。

親同士で話を聞きあうということを始めたところから、さまざまなリーダーシップを発揮し始めた人たちがたくさんいます。

こんなにも熱烈に、子どもとの関係や周りの人たちのこと、自分のことを考えている親たちに出会えるのは、私にとっても最高に幸せなことです。

だから、これからもたくさんの親がリーダーシップをとって、いろいろなところに親同士で話を聞きあう関係が生まれていくことを、私はこころから願っています。

あとがき

私が再評価カウンセリングを始めてから一二年、「親の時間」を始めてからはもう八年になります。ほかの人を信頼し、お互いに聞きあうことで、私はたくさんの気づきを得てきました。でも、これは魔法ではありませんから、時間もかかります。すぐに解決策が見えるわけではありません。

しかし、私たちは自分の人生に関しては、自分が変えていくことができます。私たちはほかの人の人生を変えることはできませんが、自分の人生は変えられるのです。

子どもたちも、自分の気持ちを受け止めてもらい、感情を発散できれば、自分の人生を自分のペースで歩んでいくでしょう。

子どもの人生に、たったひとりでも、信じることができて、自分は愛されていると確信を持てるおとながいたら、どんなにいいでしょう。そして、その人と安心して楽しむ時間をとったら、どんな素晴らしいことが起こると思いますか？

子どもは自分の夢を持ち続けることができるでしょう。成長する過程で挫折感や失望感を体験しても、立ち直ることができます。そしてどんな新しいことにも柔軟に対応していけるでしょう。やり方が間違っていたと気がついたときにも、軌道修正はしても、夢がなくなったり、あきらめたりはぜったいにしません。

自分をそのまま受け止めてくれる人がひとりでもいたら、子どもは希望を持ち続けることができるのです。

ぜひ、いまあなたの目の前にいる子どもに気がついてください。

ある母親が、こんな話をしてくれました。

「学校でね、生活の授業に使うから小さいときの写真を三枚用意してって、息子に言われたから、アルバムのなかから、写真を探していたの。

あかちゃんのときの息子を見て、こんなに小さかったんだって思ったの。三歳のときの写真を見て可愛かったな、と思ったの。

でもね、男の子だし、はじめての子だったから、あかちゃんのときは、早く歩けるようになってほしい、早く自分でご飯が食べられるようになってほしい。そんなことばかり考えていて、一年がすごく長かったような感覚しか残っていないの。

三歳のときも、早く幼稚園に行くようになってほしいと同時に、幼稚園に行ったらもっと大変になるのかなと思っていてね。

そして、学校に通うほどに成長した息子の現在の写真を見て、私はなんてもったいないことをしていたんだろうって、気がついたの。

あかちゃんの彼をいっぱい抱っこして、可愛いなって、なんで思えなかったんだろう？　三歳のときに、たくさん話し始めた彼の話を聞いて、それを楽しむことが、どうしてできなかったんだろう？　ってね。いつも、早く大きくなって、と息子をせきたて、同時にいつも息子の将来を心配しながら、生活していた気がする。

でも、小学校一年生になった息子が、目の前にいてくれるのよね。それが、いまは一番大切なことで、とっても幸せなことなんだなって思うの。これが、現在をいっしょに生きるということなんだね。私の目の前にいる息子に『大好きだよ』って伝えて、いま現在の息子とを楽しんで生きていこうと思う」

子どもは、いまこの瞬間、目の前にいるあなたが大好きなのです。あなたを子どもはいつも見ています。あなたの目の前にいる子どもとたくさん楽しんでください。

それから、子どもとすばらしい時間をともにすごしたいと思っているのは、母親だけではありません。父親が子どもにかける愛情も、母親とまったく変わらないものです。たとえば運動会のとき。このときこそ、自分も子どもと堂々とかかわれると、はりきっている父親がたくさんいます。「借り物競争」で、「眼鏡をしているおとうさん」とか「足の長いおとうさん」という紙を拾った子どもの「おとうさん！」と連呼する声が聞こえると、ここぞとばかりに出てきて、子どもと手をつないで走る父親は、とてもとても嬉しそうです。

子どもの側から見ても、おかあさんとおとうさんは比べられないほど、大好きな存在です。本当は父親だっていつも子どものことを考えているし、子どもといっしょに時間をすごしたい、子どもと触れあいたいと思っているはずです。おとうさんたちももっと子どもに触れあえる時間があったら、どんなにいいでしょうか。

私自身は一〇歳のときから父子家庭でしたので、父親が私たちに向ける愛情をたくさん感じて育ちました。妻に出ていかれるというとてもショックな体験をしてしまったため、一時は生きるのも苦しそうでしたが、私たち三人といっしょに生きることを決断して、六〇歳で亡くなるまで私たちをずっと見ていてくれました。母親のように身の回りの世話はしてくれませんでしたが、どんなことがあっても父親は私たちを置いていかない、という確信が私たちにはありましたし、いつも父親に愛されているという実感がありました。そして、私たち三人にとっても、大好きな父親でした。

私の父親にも、「親の時間」のような場所があったら、どんなに気持ちがラクだったろうと思います。それは、もちろん父子家庭の父親だけでなく、すべての父親にとっても同じことだと思います。お互いが聞きあえる時間を、家庭でパートナーと、あるいは職場で同僚とぜひ、とってみてください。何か新しい子育ての方法、違った考え方ができるようになるかもしれません。


本書では、親自身のことや親同士で助けあうことについて書いてきましたが、親ではない立場から、親をサポートしたり子どもにかかわってくれる人たちも、とても大事な人たちです。私の子育てには、そうした人たちの存在は必要不可欠なものでした。

いまはとてもすてきな親になった安積遊歩も、私が最初に会ったときは、自分が子どもを持たない立場から、私や親たちを助けてくれたし、愛鈴との関係がとても難しかった時期に、私たちに真剣にかかわってくれた人たちもそういう人たちでした。私が安心して海外へ仕事で出かけられたのも、学校の先生を含め、たくさんのいろいろな立場の人たちの助けがあってこそできたことです。

この本を出すことを企画し、わざわざ札幌まで足を運んでくれ、目をウルウルさせて私の話を聞いてくれた学陽書房の山本聡子さんも、制作に関わってくださった新留美哉子さんも、親をサポートしたいという気持ちを持ってかかわってくれる人のひとりです。

そのひとりひとりに本当にこころからありがとうと、この紙上で伝えられることは、とても嬉しいです。

そして私を支え続けてくれたすべての親と、おとなにたくさんの愛情を伝え続けてくれている子どもたちに、「本当にありがとう」。

二〇〇五年三月

小野わこ

親の時間

「親の時間」は、親同士がたがいに話を聞きあう時間を持つことで、お互いをサポートしあうという方法です。この方法をもとにしたクラスを以下のかたちで開いています。

クラスに参加したい方、自分の地域でクラスを立ち上げたい方は、ぜひご連絡ください。

クラスの種類は以下の通りです。

＊聞きあうことを身に付けるクラス／＊10代の子どもを持つ親のクラス／＊9歳以下の子どもを持つ親のクラス／＊子どもとスペシャルタイムをとるクラス／＊リーダーシップをとるクラス

●**期間と時間**　毎月２回　６ヶ月サイクル　平日の午前10～12時
●**受講料**　３ヶ月分一括払い　9000円
●**希望者には託児があります。**

「親の時間」連絡先

〒063-0801
北海道札幌市西区24軒１条５丁目６－８－401
HP　http://www.geocities.jp/oyanojikan/
✉　wako569@ybb.ne.jp
＊なるべくメールでご連絡ください。

再評価カウンセリング

再評価カウンセリングは、専門家ではない一般の人同士が話を聞きあうというカウンセリングの手法で、「親の時間」の方法の基礎になっている方法です。再評価カウンセリングは、全国各地で基礎クラスが開かれています。参加してみたい方は以下に問い合わせてみてください。

「再評価カウンセリングの会」連絡先

〒186-0001
東京都国立市北２－４－13－101
FAX　042－574－3912
＊お問い合わせの際は「『子育て　泣きたいときは泣いちゃおう!』を読んで」と明記してください。

著者紹介

小野わこ（おの　わこ）

1954年、青森県生まれ。駒沢短期大学英文科卒業、英国ベッドフォード大学英語科終了。英国より帰国後、英会話教室を開講。子育ての悩みから、再評価カウンセリングと出会い、その手法をもとに、「親の時間」という、親同士で話を聞きあう会を設立。

現在は、ファミリーカウンセラー、英語でからだのエクササイズを行うLBE（Lengthen the Body in English）インストラクターとして仕事をしている。また、「親の時間」の代表、再評価カウンセリングの北海道エリアリーダーとして、各地のセミナーや講演、執筆活動に活躍中。21歳と15歳の娘を持つシングルマザー。

子育て　泣きたいときは泣いちゃおう！
親子が最高に仲良くなるシンプルな方法

2005年4月22日　初版印刷
2005年4月28日　初版発行

著者　小野わこ

発行者――光行淳子
発行所――学陽書房
東京都千代田区飯田橋1-9-3
営業　TEL 03-3261-1111 FAX 03-5211-3300
編集　TEL 03-3261-1112
振替口座　00170-4-84240
装丁　渋川育由

DTP制作・フォレスト／印刷・文唱堂印刷／製本・東京美術紙工

ISBN4-313-66036-4 C0036

子育てがずっとラクになる本

泣きたいときは泣かせてOK！

パティ・ウィフラー著　森田汐生監訳　安積遊歩解説

四六判並製 224頁

定価 1575円

泣かせてあげると、子どもはやさしく賢くなる！
泣く子、ぐずる子、かんしゃくにイライラしていたママとパパへ。
親も子も気持ちが楽になる新しい子育ての方法がわかる本！

◆

親だからできる

赤ちゃんからのシュタイナー教育

子どもの魂の、夢見るような深みから

ラヒマ・ボールドウィン著　合原弘子訳

A 5 判並製 256頁

定価 1680円

抱っこ、だだこね、しつけ、音楽、にじみ絵、おもちゃの選び方。暮らしのなかでシュタイナー教育を実行するための、本当に実際的なアドバイスばかり。小さなことから始めてみませんか？　やってみたい親のためのシュタイナー育児書。

◆

七歳までは夢の中

親だからできる幼児期のシュタイナー教育

松井るり子

四六判上製 216頁

定価 1427円

アメリカのシュタイナー幼稚園に子どもを通わせ、自分でも保育に飛び込んで経験した生きたシュタイナー教育を紹介。母と子の至福のときを大切にする姿勢に、たくさんの共感が寄せられた。

（定価は５％消費税を含みます）